1969~2021
한정동아동문학상
역대수상자 작품집

끝나지 않은 따오기의 노래

목차

■ 발간사　06
■ 편찬사　07
■ 격려사　08
■ 한정동 시인과 따오기 노래비　09
■ <한정동아동문학상> 운영 소개　10
■ 한정동아동문학상 수상자 명단　12

제1부 한정동 아동문학 대표 작품

■ 한정동 대표 동시 10편

　소금쟁이　16
　갈잎 배　17
　갈잎 피리　18
　수양버들　19
　산막의 늦봄　20
　따오기　21
　달　22
　물레 소리　23
　엿장사 영감　24
　굴레 벗은 말　25

■ 한정동 동화

　여우와 따오기　26
　시라소니와 달　29

제2부 한정동 작가론과 작품론

　한정동 문학론　36
　백민 한정동의 삶과 문학　58
　한정동 동화론　74

제3부 한정동아동문학상 역대 수상자 대표 작품

제1회(1969) 박경종	초록 바다	94
	푸르다	95
제2회(1970) 이석현	우리 엄마	96
	어머니	97
제3회(1971) 어효선	과꽃	98
	파란마음 하얀마음	99
제4회(1972) 박화목	과수원길	100
	가랑잎	101
제5회(1973) 석용원	불어라 은피리	102
	어린이 공화국 1	103
제6회(1974) 김종상	산 위에서 보면	104
	어머니	105
제7회(1975) 엄기원	참 잘했지	106
	산 딸기	107
제8회(1976) 김완기	참 좋은 말	108
	봄 오는 소리	109
제9회(1977) 박종현	아침을 위하여	110
	달밤	111
제10회(1978) 김신철	가을 오는 소리	112
	아가는 꽃나무	113
제11회(1979) 이진호	발가락 전쟁	114
	새싹 2	115
제12회(1980) 김재수	가로수	116
	풀꽃(1)	117
제13회(1981) 최재환	소나기	118
	골목길	119
제14회(1982) 권오훈	종달새	120
	아버지의 바다	121
제15회(1983) 김종영	싸움한 날	122
	홍시	123
제16회(1984) 최도규	빨랫줄	124
	교실 꽉찬 나비	125

제17회(1985) 이무일	조약돌	126
	봄	127
제18회(1986) 이연승	해를 파는 가게	128
	아기나무 꿈	129
제19회(1987) 서오근	배꼽티	130
	미루나무와 아기 까치	131
제20회(1988) 조명제	꽃씨를 심는 마음	132
	팔베개	133
제21회(1989) 남진원	물 빗자루	134
	풀잎과 코스모스에게	135
제 22회(1990) 김삼진	종이 배	136
	학교 가는 길	137
제23회(1991) 김진광	나무의 귀	138
	하느님, 참 힘드시겠다	139
제24회(1992) 윤갑철	시골길	140
	시골 편지	141
제25회(1993) 정혜진	봄비	142
	내 가슴에	143
제26회(1994) 박인술	하늘	144
	작은 풀꽃	145
제27회(1995) 이성관	반딧불	146
	풀꽃의 노래	147
제28회(1996) 이봉춘	하늘	148
	꽃	149
제29회(1997) 허동인	산새알	150
	보름달이 나보고	151
제30회(1998) 이창규	도자기 얼굴	152
	모자이크	153
제31회(1999) 장승련	산꽃	154
	돌담	155
제32회(2000) 이성자	송두리째 다 내놓았어	156
	종이컵	157
제33회(2001) 정용원	까치집	158
	부탁	159
제34회(2002) 선용	잔디밭에는	160
	돌담	161
제35회(2004) 이준섭	삽살개야	162
	복조리	163

제36회(2007) 조무근	상모를 돌리는 등댓불	164
	연잎 마당	165
제36회(2007) 안순혜	다시 태어난 날	166
제37회(2008) 강원희	종각역에 가면 녹두장군 전봉준을 만날 수 있네	173
	그 별에도 감옥이 있습니까	174
제37회(2008) 박상재	술 끊은 까마귀	176
제38회(2009) 이복자	생각이 물만큼	184
	고목	185
제39회(2010) 민현숙	씨앗 품기	186
	쓰르라미	187
제39회(2010) 강용숙	파도 타고 찾은 고향	188
제40회(2011) 김율희	소나무 초록이의 빨간 신발	195
제41회(2012) 박길순	전학	202
	꽃	203
제42회(2013) 이선영	맞구나 맞다	204
	빈 의자	205
제42회(2013) 신건자	만세! 정전은 끝났다	206
제43회(2014) 김만석	바다국경선	212
	발자국	213
제44회(2015) 최정심	들국화	214
	봄 창문에는	215
제45회(2016) 유창근	韓晶東의 詩와 아니마Anima	216
제46회(2017년) 이정님	수영이라는 아이	235
	밤 바다	236
제46회(2017) 함영연	할머니의 황금돼지노리개	237
제47회(2018) 한금산	게으름뱅이	246
	섬 때문에	247
제48회(2020) 김귀자	옆에만 있어줘 -숫자 0	248
	톡, 톡, 톡이 왔어요	249
제49회(2021) 배정순	어둠은 겁쟁이다	250
	욕심쟁이 따돌리기	251
제49회(2021) 유채은	버들잎 물고기	252
	파도에게	253
제49회(2021) 최주섭	도시로 떠난 덕이	254
제49회(2021) 정영웅	우리들의 달님	261
제49회 한정동아동문학상 특별상 김윤환	팬지꽃 편지	269
	내가 밟았어	270

발간사

한정동 선생의
"민족사랑, 아동사랑, 우리말 사랑"을
기리는 작품집

김윤환 (시인, 아동문학가)
따오기아동문화진흥회 회장

    우리나라 아동문학 신춘문예 1호인 한정동 시인의 민족사랑, 아동사랑, 우리말 사랑의 문학정신을 기리기 위해 따오기아동문화진흥회에서는 지난 5년간 한정동아동문학상 운영위원회와 함께 다양한 사업을 펼쳐 왔습니다. 특히 금년에 숙원사업이었던 〈따오기노래비〉 제막(2016년)에 이어, 선생님의 묘소 아래 노래비공원 옆에 시흥시 〈따오기어린이문화관〉개관을 기념하여 《한정동아동문학상 역대 수상자 작품집》을 편찬 발간하게 된 것은 매우 뜻깊게 생각합니다.
    대한민국 4대 아동문학상으로 인정받는 〈한정동아동문학상〉이 2021년도 제49회 시상식부터 시흥시의 지원으로 저희 따오기아동문화진흥회가 주관하게 된 것을 계기로 이번 작품집을 엮게 되었습니다.
    이 책의 체계적인 편집을 위해 박상재 박사님을 비롯 이복자 작가님, 함영연 작가님 등 역대 한정동아동문학상 수상자 중에서 편집위원을 위촉하여 작품 수집과 편집을 맡아주신 덕분에 역사적인 책이 나오게 되었습니다. 수고를 아끼지 않으신 편집위원과 귀한 작품을 기꺼이 수록 되도록 내어주신 역대 수상작가님들께 깊은 감사를 드립니다.
    이번 《한정동아동문학상 역대 수상자 작품집》 발간을 계기로 따오기아동문화진흥회와 수상작가 선생님들이 유기적인 협력으로 아동문학 발전에 함께 기여길 기대합니다.
    또한 이 책이 한정동 선생님을 기리는 아동문학 정신과 역대 수상자들의 문학적 업적을 후대에 남기고 한국아동문학 발전에 계기가 되고 아동들과 독자들에게 좋은 작품을 선뵈는 기회가 되길 바라마지 않습니다.
    끝으로 이 책이 나오기까지 따오기아동문사업과 한정동아동문학상 운영에 지원을 아끼지 않으신 임병택 시흥시장님과 관계자 그리고 따오기아동문화진흥회 회원 여러분, 무엇보다 격려와 지원을 아끼지 않으신 한정동아동문학상 엄기원 운영위원장님과 운영위원님께 거듭 감사드립니다.

2021년 8월

편찬사

따오기 날개 타고 날아간 백민 선생을 기리며

박상재
아동문학가, 본지 편집위원장

　백민(白民) 한정동(韓晶東)은 1894년 12월 7일 평안남도 강서군 초리면 이월리에서 출생한 우리나라 제1세대 아동문학가이다. 선생은 1925년「소금쟁이」, 「달」, 「갈잎배」, 「어머니 생각」등 4편으로 동아일보 신춘문예에 당선했다. 백민이 이 시기 각 매체에 발표한 동요 중 확인된 것은 〈어린이〉 31편, 〈별나라〉 19편, 〈동아일보〉 11편, 〈신소년〉 4편, 〈별건곤〉 3편, 〈조선일보〉 2편, 〈신여성〉 2편, 〈아이생활〉 1편 등 73편이다. 백민은 1920년대 한국동요문학의 황금시대를 이끈 트로이카 중에서도 리더였던 것이다. 백민의 대표작이라 할 수 있는 「따오기」는 1925년 〈어린이〉지 5월호에 발표하였는데, 원래의 제목은 "두루미"(당옥이)였다.

　백민은 1920년 삼숭(三崇)학교 교사로 5년동안 근무하다 〈조선일보〉와 〈동아일보〉 진남포 지국장 겸 기자를 지내기도 했다. 6.25전쟁 전까지 진남포 용정국민학교를 설립하여 교장으로 근무하다 1950년 12월 1남 3녀 중 막내딸만을 데리고 월남했다. 이후 1951년부터 1953년까지 국제신보사 기자로 일하다, 1953년부터 1960년까지 덕성여자고등학교 교사로 근무하다 퇴직하였다.

　1958년에는 작품집『갈잎 피리』를 상재하였고, 1968년에는 동화집『꿈으로 가는 길』을 펴냈다. 1968년 '노래동산회'와 서울교육대학 아동연구회에서 제정한 '고마우신 선생님상'의 상금과 모아둔 원고료로 1969년 '한정동아동문학상'을 제정하였다.

　한국아동문학회 초대 회장을 지내기도 한 백민은 1976년 6월 23일 83세를 일기로 타계하여 물왕 호수가 내려다보이는 산기슭에 잠들어 있다. 따오기의 날개를 타고 그리운 어머니가 가신 나라로 훨훨 날아간 것이다. 선생이 가신지 50주년을 맞아 한정동아동문학상 수상작가들의 대표작들을 모아 기념문집을 만들어 영전에 바친다. 상의 역사가 오래되다 보니 제1회 수상자인 박경종 시인을 비롯하여 열다섯 분은 이미 고인이 되었다.

　아동친화도시를 표방하는 시흥시에서 선생이 영면하고 있는 묘소 근처 물왕호숫가에 따오기어린이문화관을 만들어 개관하였으니, 따오기가 물왕호수에서 나래를 펼치게 되었다. 따오기어린이문화관 개관을 축하하고, 한정동아동문학상 기념문집『끝나지 않은 따오기의 노래』상재를 수상작가 여러분과 더불어 기뻐한다.

격려사

아동문학사의 역사적 작품집 탄생

엄기원
한정동아동문학상 운영위원장
(사)한국아동청소년문학협회 이사장

　따오기아동문화진흥회에서 「한정동아동문학상 역대수상자 작품집」을 출간한다는 기쁜 소식을 접하고, 축하와 격려의 마음을 담아 진실로 감사의 뜻을 전합니다.
　우리나라 아동문학계에는 여러 종류의 문학상이 있는데 1969년에 제정된 한정동아동문학상은 가장 오래된 문학상으로서 역사와 전통을 자랑하고 있습니다.
　이 상이 2021년(제49회)까지 지탱해 오는 동안 여러 차례의 위기를 맞이하였습니다만 다행히 경기도 시흥시에서 금년부터 아무 조건 없이 상금과 운영비를 후원해 주기로 협약했습니다.
　한정동아동문학상 운영위원장 직을 맡고 있는 본인은 진심으로 임병택 시흥시장님께 감사하며 우리나라 아동문학가 제1호이신 한정동 선생을 기리는 사업으로 「따오기 동요 노래비 공원」 조성을 비롯한 많은 사업과 이 책의 출간에 큰 박수를 보내면서, 어려운 실무를 맡아 봉사하는 김윤환 회장님 노고에 감사드립니다.
　이 책이 우리나라 아동문학사의 산물(産物)로 탄생함을 자랑스럽게 여깁니다. 큰 기쁨입니다.

한정동 시인과 따오기 노래비

'따오기'의 시인 한정동 선생의 생애와 작품 세계

　시인이자 아동문학가인 한정동(韓晶東)선생은 1894년 고종31년에 평안남도 강서에서 출생했다. 호는 서학산인(棲鶴山人)·성수(星壽)·백민(白民). 평범한 농부의 셋째 아들이다. 11세까지 한문을 공부하다가 12세 때부터 신학문을 배웠다. 1918년 평양고등보통학교를 졸업하였는데, 졸업하기 전후 평양 시청에 서기로 잠시 근무하기도 하였다.

　1925년 동아일보 신춘문예에 <소금쟁이>를 비롯한 4편이 당선되어 이때부터 그의 작가 생활이 시작되었다. 특히, <따오기>는 윤극영(尹克榮)의 작곡으로 광복 전부터 널리 애창된 동요이다. 1936~1939년까지 조선일보·동아일보 진남포지국장 겸 기자로 활동하였으며, 1939년 이후 진남중학교 교사로 재직하다가 8·15를 맞이하였다.

　그 뒤 진남포 영정국민학교를 설립하고 교장으로 취임하였다. 1950년 월남한 이후 부산 국제신문사의 기자(1951~1952)를 지내고, 서울 덕성여자고등학교 교사(1954~1961)를 역임하면서 한때 한국아동문학회 회장의 중책을 맡았다. 1968년 노래동산회에서 시상하는 '고마우신 선생님상'을 수상하여 이 상금과 그 동안 모아둔 원고료로 1969년 '한정동아동문학상'을 제정하였다.

　주요 작품에 동요로 <어머니생각>·<고향생각>·<갈잎피리>·<가을나뭇잎>·<가을소풍> 등이 있고, 동화에 <제비와 복남>·<촛불>·<눈보라 속의 우정>·<거룩한 선물> 등이 있다. 초기 작품은 주로 민족적인 슬픔을 향토적인 애상으로 표현하였고, 후기의 작품은 천진스러운 동심의 세계를 찬미, 표출하려는 경향을 띠고 있다. 특히, 그의 동요에서 찾아볼 수 있는 특색은, 첫째 관용적인 문어체, 재롱 등을 구사하거나 영합주의에 빠지지 않았고, 둘째 선행·친애·동정 등 도덕심 함양의 방편으로 삼지 않았으며, 셋째 시각적인 효과를 많이 사용한 점이다. 주요 저서로는 동요·동시·동화·동극을 함께 엮은 ≪갈잎피리≫(靑羽出版社, 1957), 유치원의 어린이를 위한 동화집 ≪꿈으로 가는 길≫(文藝出版社, 1968)이 있다.

　1976년 별세후 시흥시 산현동(물왕저수지 옆) 남대문교회 공원묘원 '부활의 동산'에 안장되었다. 시인의 묘소 옆에 묘비가 서 있고, 그 옆에 <따오기>가 새겨진 작은 노래비도 서 있다. 현재 아동문학의 후배 및 제자들로 구성된 "한정동 아동문학상 운영위원회"(위원장 엄기원)가 매년 한정동아동문학상 수상자를 선정하여 시상하고 있다.

〈한정동아동문학상〉 운영 소개

1. 사업목표

한정동 시인의 〈민족사랑〉, 〈아동사랑〉, 〈우리말 사랑〉의 정신을 기리기 위해 〈한정동아동문학상〉을 운영한다. 아울러 시흥시와 협력하여 한국아동문학 발전 및 향토아동문화 향상에 기여함을 목표로 한다.

2. 제정취지 : "아동문학상을 제정하면서" - 한정동

내가 아동문학상을 제정하는 것은 오로지 아동문학 발전에 이바지하려는 의도 이외에는 다른 어떤 이유도 있을 수 없음을 밝혀 둡니다.
나는 50여 년 아동문학에 힘써 오면서 느낀 바가 한 가지 있습니다. 누구를 막론하고 현상에 당선이 되면 그 상을 받은 책임에선지 그 방면으로 힘을 기울임을 보게 되는 것입니다. 이 사실을 살려 보자는 마음에서 나는 최근 10여 년 동안에 쓴 모든 원고료를 될 수 있는 데까지 모아 왔습니다.
본 상 제정에 있어서 부상금이 소액에 지나지 않음을 부끄럽게 생각하지만 상이란 거액이라야 되는 것이 아닌 이상 상을 받는 이나 모든 사람이 이해할 줄 믿고 감히 내놓는 터이니 이 뜻을 알고 후원 있기를 바라마지 않습니다.
1968년 10월   한 정 동

3. 한정동아동문학상 연혁

제1회(1968년)~ 제8회(1976년) 까지 한정동선생님이 직접 운영
제10회(1977년)~ 제35회(2004년)까지 고 박경종 아동문학가 운영위원장
제36회(2007년)~ 제49회 현재 엄기원 아동문학가 운영위원장
2021년부터 시흥시와 한정동아동문학상 운영위원회와 업무협약식을 통해 시흥시에서 예산을 지원하고 따오기아동문화진흥회가 시상식을 주관하게 됨.

4. 2021년도 운영위원회

운영위원장 : **엄기원**(아동문학가/(사)한국아동청소년문학협회 이사장)
운 영 위 원 : **김윤환**(아동문학가/따오기아동문화진흥회 회장)
         박상재(아동문학가/(사)한국아동문학인협회 수석부회장)
         유창근(시인/문학박사/전. 명지전문대 교수)
         함영연(아동문학가/문학박사/추계예대 외래교수)

한정동아동문학상 수상자 명단

회	연도	수상자	수상작품명	장르
1	1969	박경종	우리는 귀염둥이	동요
2	1970	이석현	우리 엄마(동요) 해야(동시)	동시
3	1971	어효선	꽃잎은 날마다 날리어	동시
4	1972	박화목	봄밤	동시
5	1973	석용원	한 작은 별나라	동시집
6	1974	김종상	어머니	동시
7	1975	엄기원	아기 크는 집	동시
8	1976	김완기	겨울 나무	동시
9	1977	박종현	산골아이, 손자들의 숨바꼭질	동시
10	1978	김신철	가을 오는 소리	동시집
11	1979	이진호	생각 속에서	동시집
12	1980	김재수	겨울 아침	동시
13	1981	최재환	골목길	동시
14	1982	권오훈	아기가 만든 해	동시집
15	1983	김종영	달	동시
16	1984	최도규	갈대꽃	동시
17	1985	이무일	호박덩굴 이야기	동시
18	1986	이연승	고갯길	동시
19	1987	서오근	들꽃 한 송이	동시
20	1988	조명제	꽃씨를 심는 마음	동시
21	1989	남진원	가을바람과 풀꽃	동시
22	1990	김삼진	꽃시계	동시집
23	1991	김진광	나무들의 집	동시
24	1992	윤갑철	길을 가다가	동시
25	1993	정혜진	어깨동무 꽃밭	동시집
26	1994	박인술	이 땅의 아이들	동시집
27	1995	이성관	동구 밖	동시
28	1996	이봉춘	거울을 보며	동시집
29	1997	허동인	동그라미 세계	동시집
30	1998	이창규	무지개 다리	동시집

회	연도	수상자	수상작품명	장르
31	1999	장승련	바람 불지 않는 날에	동시
32	2000	이성자	친구와 싸운 날	동시
33	2001	정용원	까치집	동시
34	2002	선 용	초롱꽃 피는 아침	동시
35	2004	이준섭	복조리	동시
36	2007	조무근	자연의 버릇	동시집
37	2008	안순혜	무릎 위의 학교	동화집
		강원희	바람이 찍은 발자국	동시
		박상재	어른들만 사는 나라	동화집
38	2009	이복자	팔분음표로 걸어요	동시
		고정욱	지붕 위의 바이올린	동화
39	2010	민현숙	달팽이가 말했어	동시집
		강용숙	냐옹이 언니	동화집
40	2011	차경섭	떠돌이 물새	동시
		김율희	도깨비쌀과 쌀도깨비	동화집
41	2012	박길순	바람	동시
42	2013	이선영	맞구나 맞다	동시집
		신건자	가자, 잉잉아	동화집
43	2014	김만석(중국)	제비는 스켓트 선수	동시집
44	2015	최정심	꿈꾸는 나무들	동시집
45	2016	유창근	낯설음의 미학 – 김영일 시를 중심으로	평론
46	2017	이정님	까꿍	동시집
		함영연	로봇 선생님 아미	동화집
47	2018	한금산	알 수가 없다	동시집
48	2020	김귀자	옆에만 있어줘	동시집
49	2021	배정순(본상)	강아지가 돌린 명함	동시집
		정영웅(본상)	고양이 시집보내기	동화
		유채은(우수상)	버들잎 물고기	동시집
		최주섭(우수상)	대왕고래의 분노	동화
		김윤환(특별상)	내가 밟았어	동시집

제1부

한정동 아동문학 대표 작품

편집자 주 본 지면에 수록된 수상자 대표작품은 작고하시거나 연로하신 원로 작가 일부는 위임을 받아 편집위원회에서 작품을 선정했으며, 현재 활동 중이나 연락 두절 및 작품을 보내지 않은 일부 작가의 작품은 저작법 규정상 게재하지 못했음을 밝혀둡니다.

한정동 대표동시 10편

소금쟁이

창포밭 못 가운데
소금쟁이는
1234567
쓰며 노누나

쓰기는 쓰지만도
바람이 불어
지워지긴 하지만
소금쟁이는

싫다고도 안하고
뺑뺑 돌면서
1 2 3 4 5 6 7
쓰며 노누나

〈동아일보〉 1925. 3. 9

갈잎 배

외대박이 두 대박이
청갈잎 배야

새빨간 아이들의
꿈을 태우고

달아나라 갈잎배야
얼른 가거라

아이들의 단꿈이
깨기나 전에
한껏한껏 달아나라
어디까지든

꿈나라의 복판까지
얼른 가거라

〈동아일보〉 1925. 3. 9

갈잎 피리

혼자서 놀을라니
갑갑하여서
갈잎으로 피리를
불어보았소

보이얀 하늘가엔
종달새들이
봄날이 좋아라고
노래 불러요

내가 부는 피리는
갈잎의 피리
어디어디까지나
들리울까요

어머님 가신 나라
멀고 먼 나라
거기까지 들리우면
좋을 텐데요

〈동아일보〉 1925. 4. 9

수양버들

못가에 수양버들
한가도 하다
바람에 흥겨워서
흐은작흔작

못가에 수양버들
곱기도 하다
실실이 늘어져서
바안짝 반짝

저편 가지 난 꽃에
그네를 메고
수양버들과 같이
놀고 싶어요

〈어린이〉 1926. 6

산막의 늦봄

산막집 늦은 볕에 복숭아꽃은
쓸쓸한 토방가로 떨어집니다.

가는 봄 긴 하루를 물레질 소리
졸음 오게 붕-붕 늙은 할머니

뻐꾹새 외마디로 울고 가니까
또 한잎 복숭아가 떨어집니다.

〈별나라〉 1928.7

따오기

보일 듯이 보일 듯이 보이지 않는
따옥 따옥 따옥 소리 처량한 소리
떠나가면 가는 곳이 어디이드뇨
내 어머님 가신 나라 해 돋는 나라

잡힐 듯이 잡힐 듯이 잡히지 않는
당옥당옥 당옥 소리 구슬픈 소리
날아가면 가는 곳이 어디이드뇨
내 어머님 가신 나라 달 돋는 나라

약한 듯이 강한 듯이 또 연한 듯이
당옥당옥 당옥 소리 적막한 소리
흘러가면 가는 곳이 어디이드뇨
내 어머님 가신 나라 별 돋는 나라

나도 나도 소리소리 너 같을진대
달나라로 해나라로 또 별나라로
훨훨활활 떠다니며 꿈에만 보고
말 못하는 어머님의 귀나 울릴걸

두루미 〈어린이〉 1925. 5

달

높은 달아 저 달아
기러기도 왔는데
새 가을도 왔는데
어머니도 안 오니

가을 밤에 귀뚜라미
고운 노래 부를 때
기럭 함께 오시마
약속하신 어머님

밝은 달아 저 달아
우리 엄만 왜 안 와
앞집 곤네 읍하고
정성들여 묻는다

〈동아일보〉 1925. 3. 9

물레 소리

집 떠나 십 년 만에
물레질 소리
부웅붕 지금 듣고
나는 울었소!

고향의 초가지붕
능짓불 아래
주름진 엄마 얼굴
눈에 어려서….

지금은 안 계시는
어머니기에
부웅붕 물레 소리
나는 울었소.

〈별나라〉 1927. 5

엿장사 영감

외어깨로 엿 고리
둘러메고서
엿사시오 외치는
엿장사 영감
금년은 어디 가고
아니 오실까

앞마당
너른 마당
널뛰는 마당
내년도 널을 뛰는 정월 보름엔
기어코 또 온다고 약속했건만

엿장사 영감님은 잊어버렸나
아니면 늙어늙어 꼬부라졌나
오늘도 정월보름 널은 뛰건만

〈별나라〉, 1928.3

굴레 벗은 말

살진 풀도 싫소 싫소
늘 먹는걸요
외양간도 싫소 싫소
늘 있는데요
멧부리에 닫고 뛰는
굴레 벗은 말

산에 가면 높아 좋다
껑충 뛰고요
들에 가면 넓어 좋다
달아납니다
멋있게도 뛰며 닫는
굴레 벗은 말

벌거숭이 나도 나도
굴레 벗은 말
백두 금강 태백 한라
모두 내 차지
거침없이 뛰며 놀을
내 땅이라네

〈어린이〉, 1930.9

한정동 동화

여우와 따오기

한정동

저녁을 먹고 제 방에서 놀고 있던 재균이와 만균이는 놀음에 싫증이 나서 서로 의논하고 앞서거니 뒤서거니 할아버지 방으로 왔습니다. "오늘 밤에는 놀음은 그만두고 이야기를 하나 해주세요" 하고 재균이가 말했습니다. "그럼 그래볼까" 하고는 무엇을 한참 생각하다가 할아버지가 이야기를 하셨습니다.

여우 한 마리가 사냥개에게 쫓겨 산에서 뛰어나왔지. 그러니까 여우는 뛰면서도 어디 숨을 만한 곳이 없을까? 하고 곁눈으로 자꾸 살펴보았지만 그럴듯한 곳은 좀처럼 보이지 않았단 말이야. 그곳은 숨을 곳이야 얼마든지 있지만 원래 냄새 잘 맡기로 이름이 높은 사냥개인지라 어디에 숨었다 해도 여우의 냄새로 곧 찾아낼 터이니까 그렇게 쉽게 아무런 데나 숨을 수가 없음으로 해서 말이지.

그런데 날쌘 사냥개는 여우보다 빠른 걸음으로 따라오기 때문에 둘의 사이는 점점 줄어들고 해서 여우는 그야말로 죽을 지경에 이른 셈이지. 그렇다고 여우로서야 아무런 손도 안 쓰고 그냥 잡히려고 하겠느냐. 그래서 어떻게든지 숨어야 할 궁리를 하며 뛰다가 문득 저 멀리 풀밭에서 양들이 놀고 있는 것을 보게 됐지. 여기서 여우는 얼른 '옳지 됐다!' 하고는 있는 힘을 다하여 곧장 그 풀밭을 향해 달려갔지. 여우는 가는 길로 그들 양떼 속으로 뛰어들었지.

아무런 생각이 없이 마음 턱 놓고 놀고 있던 양들이 놀랐을 것은 두 말할 것도 없지. 더구나 여우가 이 양의 몸에 부딪고 저 양의 몸에 부딪고 하는 바람에 양들은 혼이 나갈 정도였지. 양들은 아무런 생각조차 해볼 시간도 없이 도망을 치고 있는데 여우란 놈은 왠 까닭인지 양들을 해치려는 생각은 조금도 없다는 듯 달아나고 마니까 그제야 양들은 '거 참! 이상한 놈도 다 있네. 무엇 때문에 우리들을 놀라게만 하고 도망을 치고 말았을까?' 하고 모두 바라보았지만 여우는 어디로 갔는지 알 수가 없었지. 그거야 뭐! 여우란 놈은 재빨리 그 근처에 있는 무성하게 자란 속새 밭 속으로 들어가 버리고 말았으니 보일 리가 있겠느냐 말이다.

그런 뒤에 거의 다 쫓아온 사냥개는 그 냄새 잘 맡는 코로 흥, 흥…… 아무리 맡아보았지만 아까 바람결에 풍겨오던 여우 냄새는 간 곳이 없고 양의 냄새만이 코를 찌를 뿐이었지. 그래서 사냥개는 '여우는 아마도 멀리로 도망치고 만 모양이다' 생각하면서 주인한테로 돌아가고 말았지. 그런데 그 여우란 놈은 왜? 그렇게 바쁜 때 한 발이라도 더 빨리 뛰지 않고 양들을 놀래주었을까?

"이야기는 이것으로 끝!" 하고 할아버지가 말하자 만균이가 머리를 쳐들며 "그 이야기야 재균 언니의 것이니까 제 것도 해주셔야지요" 하고 '끝'에 대해 항의했습니다. 할아버지는 꼼짝도 못하고 이야기 한 마디를 더 하지 않을 수가 없었습니다.

너희들 할아버지가 지은 따오기 노래 알지? 보일 듯이 보일 듯이……하고 부르는 동요 '따오기' 말이다. 그 따오기란 새는 봄에는 북쪽으로 날아가고 가을에는 남쪽으로 날아간단 말이야. 그렇게 춥지도 덥지도 않은 곳을 그때그때마다 따라다닌다고 '철새'라고 부른단다. 그런데 어느 북쪽 나라 어느 늦가을이었지. 커다란 따오기 한 마리가 있는데 친족이나 이웃집이나 여러 동무들은 모두 한결 같이 따사로운 곳을 찾기 위하여 산 넘고 물 건너 남쪽으로 남쪽으로 날아가는데 그 큰 따오기만은 왠 까닭인지 갈 생각이 없다는 듯 논벌에서 인가 근처로 슬금슬금 기어와서는 어떤 벌거벗은 빈집에 들어가 불도 안 때고 춥디추운 겨울을 부들부들 떠는 것은 예사요. 몇 번이나 죽을 고비를 넘기고 겨우 살아날 수가 있었지.

그럭저럭 그 무시무시하던 겨울은 지나가고 봄이 왔지. 그러니까 작년 갔던 친족이며 이웃집 천지며 여러 동무들이 다시 와서 반갑게 기쁘게 서로 만나게 됐지. 그러니까 모두가 서로 위로해주고 도와주고 해서 지난 겨울의 괴로움은 잊는 줄도 모르게 잊고 즐거운 나날을 유쾌하게 지나니까 그때에야 아무런 다른 생각이 생길 리가 없었지만 세월은 빨라서 어느덧 또 가을이 왔지. 그러면 친족과 이웃과 여러 동무들은 다시금 남쪽나라를 향해갈 게 아니냐. 그런데 그 큰 따오기는 금년도 역시 갈 생각을 않고 있었지. 그런데 이번에는 좀 작은 따오기 한 마리가 가지 않고 남아 있었단 말이다. 그러니까 금년은 크고 작은 두 마리의 따오기가 서로 껴안고 춥디추운 겨울을 지낼 수가 있었는데 큰 따오기는 작은 따오기의 보호가 있어서 작년보다는 좀 쉽게 지냈다는 거야.

이 두 따오기를 본 사람들은 "참 이상한 따오기가 다 있지! 글쎄 추워서 죽을 고생을 하면서 왜 따사로운 곳으로 가지 않을까? 그것도 작년에는 한 마리더니 금년에는 크고 작은 두 마리나!" 하면서 그들을 가만히 살피고 있었지. 그러나 그 따오기들은 이상하지도 수상하지도 않은 보통 따오기였지. 그렇지만 큰 따오기는 엄마로 날개가 상해서 먼 길을 갈 수가 없으니까 그렇게 머물러 있었고 작은 따오기는 아들로 엄마를 보호하기 위하여 위험을 무릅쓰고 남아 있었다는 것을 알게 됐지. 그래서 사람들은 그 기특한 아들 따오기에게 감동되어 그 모자 따오기를 위하여 날마다 불을 피워주었다는 거야!

한정동 동화

시라소니[1]와 달

　금년은 농사가 크게 풍년이 들었다 해서 저 멀리 산 아래 동리에서는 술을 빚고 떡을 치고 고기를 굽고 하여 크게 잔치를 차려서 먹고 마시고 하면서 노래도 부르고 춤도 추며 질탕하게 놀고 있었습니다. 이것을 멀리서 바라보며 듣고 있던 시라소니네 집 둘째 시시는 몹시 부러운 듯 군침을 꿀꺽꿀꺽 삼키고 있었습니다. 때마침 달이 무척 밝았습니다. 그러니만큼 나무와 풀이 무성한 산이지만 도리어 바다가 아닌가 하고 착각을 일으킬 정도였습니다. 시시는 저도 모르는 사이에 혼자서 산 아래 동리 편을 향하여 슬금슬금 발을 옮겨놓았습니다. 뒷발이 길고 앞발이 짧은 시시는 아래로 내려가는 일이 거북할 뿐 아니요 풀숲에서는 풀에 걸리지 않을까 두려워 조심하느라고 못 보았지만 좀 번번한 곳에 이르니까 자기 그림자가 자기를 따라 움직이는 것이 그림자인 줄을 알면서도 무슨 딴 놈이 자꾸만 따라오는 것 같아서 차차 겁이 나기 시작했습니다. 그래서 시시는 제가 가끔 데리고 다니곤 하는 족지베니 졸졸이를 찾아갔습니다.
　"여보게 졸졸이 군! 잠깐만 보세."
　"응, 누군가? 밤이 깊은 지금 이때 뭣 하러 왔나?"
　"응, 나야 나! 시시야."
　"오~ 시시 군! 무슨 바람에 불려서 이 밤중에……"
　하고는 쓰고 있던 이불을 차고 일어나서 밖으로 나왔습니다. "응, 뭐! 달이 하도 밝아서 잠은 안오고 갑갑하고 배는 고프고 해서 무엇을 좀 먹었으면 하고 생각하고 있는데 글쎄 들어봐요. 자네 귀엔 안

---
1) 스라소니의 북한어

들리나? 저 아래 동리에서 떠들고 있는 저 소리가……."

"그러니 어쨌단 말인가?"

"얘, 이 졸졸이야 그만하면 알아차릴 것이지 꼼챙이[2] 같으니라구! 저기선 지금 큰 잔치가 벌어지고 있단 말이야. 그러니까 거기를 가면 구경도 좋겠지만 사람들이 신나게 떠드는 사이에 그까진 닭 한 마리쯤 슬쩍 한다고 누구 하나 알기나 하겠느냐 말이야."

"응, 알겠네만 그러면 쉽게 말해서 도둑 해온다는 말이지?"

이 말을 듣고 시시는 얼른 대답하기가 힘든 듯 어물어물하다가 "그거야 이 꼼쟁이 친구야! 그런 것보다도 사람들은 지금 먹고 남을 만큼 음식이 쌓여 있을 것이 아닌가. 그것을 조금 달래면 물론 줄게 아닌가. 그렇다면 주는 음식 대신 닭 한 마리를 주었다면 그만 아닌가 말이야!" 하고 시시는 슬쩍 얼버무리려고 하였습니다. 그러나 "그렇다 치더라도 주는 다르지 않은가. 그러니까 그런 옳지 못한 일은 난 싫을세. 그리고 사람이란 그저 주는 물건도 속으로는 아까워하는 판인데 아무리 하찮은 닭 한 마리 모르게 없어졌다면 야단까지 칠지도 모를 일이요 더구나 들키든지 하는 날에는 큰 경을 치고야 말걸세."

이렇게 말하고 난 졸졸이는 몸을 움츠리고 뒷걸음질을 해서 집으로 들어가 버리고 말았습니다.

"그러니까 졸졸이 자네를 꼼챙이라고들 했었구만…… 그럼 할 수 없지. 나 혼자 갈 수밖에…… 잘 자게, 난 가네" 하고는 다시 아래를 향하여 내려가고 있었습니다.

그러나 혼자서는 암만해도 무섭기도 하거니와 어딘가 허수한 느낌이 자꾸만 머리에 떠올라서 이번에는 삵괭이네 집 망냉이[3] 살살이를 찾아갔습니다.

"여보게 살살이 군 있나?"

---

2) 속이 좁은 사람을 일컬음.
3) 막내(평북, 함경도 방언).

"거 누군가? 남이 자고 있는 깊은 밤에…… 무슨 급한 일이라도 있는 사람인 모양이로구만!" 하면서 자리에서 일어나서 문을 열었습니다.

"나야 나! 시시야."

"아! 시시 군, 자네가 웬일인가?"

"뭐 놀랄 건 없네. 급한 일보다도 재미나는 일이니까."

"그게 뭔데?"

"글쎄 저 아랫 동리에서 흥청거리는 소리를 들으니까 고프던 배가 더 고파져서 말일세. 저렇게 정신없이 떠들고 있는 틈을 타서 닭을 한두 마리 슬쩍할 수 있지 않겠는가 말이야. 그래서 같이 가자는 걸세."

"흠……, 그럴듯하긴 한데……?"

"그럴듯하면 됐지 망설일 건 뭔가."

"글세 그 슬쩍한다는 게 결국은 도둑질밖에 안 되겠는데 달님이 저렇게 눈을 똑바로 뜨고 내려다보고 있어서……."

"원, 원! 무슨 그따위 생각을 한담. 사람들한테 허락은 못 받는다 해도 그저 얻어오는 것과 무엇이 다르다고 그런단 말인가. 어서 가기나 하세."

"그렇게 이것도 저것도 아닌 '시시'한 일로 달님에게 부끄럼은 사지 않는 것이 옳다 생각하네."

"뭐, 시시하다굿! 흥 내 이름을 슬쩍 끌어다 나를 욕하는 건가?"

"아, 참! 자네가 '시시'였지. 잠간 실수를 했네, 용서하게. 그러나 나는 달님이 양심을 자꾸만 비쳐주어서 같이 가는 건 그만두려네" 하고 거절해 말했습니다.

"세상에 별 이상한 놈도 다 보겠네. 뭐 달님이 부끄러우니 뭐 도둑질이나 다름이 없다느니 제가 언제 그렇게 마음보가 발랐던가" 하고 비웃듯 말하면서 시시도 하늘을 쳐다보았습니다. 그랬더니 아닌 게 아니라 소반같이 둥근 달님이 밝고도 맑은 빛이 자기의 눈을 쏘아 보는 것 같아서 눈을 감지 않을 수가 없었습니다. 이윽고 눈을 간신히 뜨고는 "역시 달빛이 너무 밝구나! 어째 나도 좀 어색해지는걸……" 하며 잘 자라는 인사도 없이 시시는 자기가 오던 길을 되돌아 올라가고 있었습니다. 달님은 히죽이 웃고 있었습니다.

제2부

한정동 작가론과 작품론

한정동 작가론과 작품론

한정동 문학론

전원범[1]

I. 서론

최초로 본격적인 한국의 현대아동문학사를 정리하면서 이재철은 크게 두 가지로 시대를 구분하여 아동문화운동시대와 아동문학운동시대를 설정하고 있다.[2] '시대는 일정한 시간량의 기계적 분절인 년대가 아니며, 시대는 타 시대와는 다른 그 시대만의 동질적 속성과 그 시대가 공유한 문학적 가치의 특성에 따라 결정되어야 한다[3]'는 태도 아래 그는 시대의 동질적 속성으로 전기를 문화운동적 성격으로, 후기를 문학 운동적인 성격으로 각각 파악한 것이다.

《少年》지 창간부터 해방이 되기까지의 우리 아동문학은 순수한 예술적 표현이라기보다는 민족운동으로서의 아동 해방과 교화·계몽을 중시하는 문화운동적 성격이 강했으며, 문학적 활동의 가치 규범이 계몽적 문화운동성을 주로 띠었다고 보았다. 이에 비해서 해방 이후 오늘날까지의 우리 아동문학은 전기의 문학외적 사상을 극복하면서 문학의 예술적 차원을 높이기 위한 문학운동적 성격이 지배적이었다고 보았다.

이러한 큰 구획 아래 다시 각각 세 가지씩의 시대 구분을 하고 있으니, 전기 곧 아동문화운동시대는 ①현대 아동문학의 태동(1908~1923), ②형성의 양상(1923~1930), ③문학성의 발아

---

1) 동시인, 광주교육대학 명예 교수. 세종대학교 대학원 졸업(문학박사).
2) 이재철, 『한국현대아동문학사』, (일지사, 1978).
3) 위의 책, p. 2

(1930~1945)가 그것이며, 후기 곧 아동문학운동시대는 ①진통 속의 모색(1945~1950), ②대중 취향의 팽창(1950~1960), ③본격 문학의 전개(1960~)가 그것이다. 한국의 현대아동문학이 문화운동의 하나로 전개되지만 특히 1920년대에 이르면 그것은 동요문학을 중심으로 하여 문학적 움직임이 활발해지게 된다. 창가조의 틀을 벗어나 본격적인 동요황금시대를 이루기 되고, 이 동요는 점차 시적인 동요를 거쳐 동시문학으로 변모해 가게 된다.

이 시기 곧 1925년에 우리나라 최초의 아동문학 신춘문예 당선으로 나온 한정동의 작품은 여러 가지 면에서 시사하는 바가 많은 것이다. 어떤 면에서 보면 한정동의 생애는 한국현대아동문학사와 함께 일치해 온 생애였으며, 또한 그의 발자취가 그대로 한국아동문학의 변모와 궤를 같이하고 있기 때문에 깊은 관심을 가지고 살펴 볼 필요가 있다고 본다. 다시 말하면 한정동의 생애와 그의 문학적 변용으로서 바로 우리 현대아동문학의 역사요, 우리 아동문학의 변용으로서 대단한 의미가 있을 것이라 짐작되고 있다.

한정동의 동요 창작 활동은 한 마디로 말하여 '창가→동요→요적 동시(또는 시적동시)→동시'의 이행과정에서 동시문학을 발아시키는 데에 기여한 것으로 의미지울 수가 있다. 말하자면 앞에서 들었던 이행과정 중에서 가운데 부분인 '동요→요적동시' 라는 과도적 변이 형태에 큰 몫을 하면서, 동요문학 일변도의 문학으로부터 동요와 동시의 다면성 곧 한국아동문학에서 운문 부문의 폭을 넓히는 데에 큰 몫을 했다고 본다. 이분의 생애와 문학적 활동 시기가 앞에서 든 바와 같이 이런 변이과정과 일치했기 때문이기도 하겠지만, 그의 시적 동요에 대한 의식이 일찍 눈떴기 때문에 나타난 결과일 것이다.

동요황금시대에 활동을 시작했으면서도 초기의 그의 동요는 단순한 동요로 끝나지 않고 있다. 형식은 비록 동요였지만 그 형식에 머물지 않고 노래적인 것을 벗어난 하나의 동시지향적인 동요, 곧 시적 동요였던 점이 바로 이를 뒷받침하고 있다 하겠다.

본 연구에서는 먼저 한정동의 문학적 활동시기를 개괄해 보면서 그의 문학의식이 어떤 데에 있었던가를 알아보고, 이어서 초기의 작품집인 '갈닢피리'의 동요들을 중심으로 하여 그의 동요문학 의식을 살펴보고자 한다.

II. 생애와 문학적 활동

한정동은 1894년 12월 7일 평안남도 강서군 초리면에서 4남 2녀 중 셋째 아들로 태어났다. 그곳 대동강 하류의 이로섬이란 곳에서 자랐으며, 열한 살 까지는 한문 공부를 하다가 열두 살 때부터 학교교육을 받기 시작했다. 학교를 다니면서 도산 안창호가 세운 대성학교에서 가르쳐 주는 창가를 형님을 통해서 배웠다.[4] 그래서 그는 창가 명창이라는 별명을 얻을 만큼 노래를 잘했고, 그런 탓으로 가끔 노래를 지어 불렀으며, 어려서부터 문학적 소질이 있었던 것으로 나타나 있다.[5] 17세 때에 어머니를 여의고 3년간 농사를 짓다가 평양고보 2학년에 보결 시험을 보아 들어갔다. 그해 가을에 따오기의 울음소리를 듣고 〈따오기〉 초고를 썼으며, 1918년에 평양고보를 졸업하고는 여러 편의 동요를 썼다. 1923년, 1924년 두 차례나 매일신문과 조선일보 신춘문예에 응모 했으나 낙선했다. 그러다가 다음 해인 1925년에 동아일보 신춘문예에 〈소금쟁이〉등이 당선하게 되었다. 〈소금쟁이〉가 그의 데뷔작이라면〈따오기〉는 처녀작으로서 1925년 〈어린이지〉 3월호에 발표되어 뒤에 윤극영의 작곡으로 유명해지게 되었다.

여기서 〈소금쟁이〉와 〈따오기〉에 대해서는 좀 더 언급을 해야 할 것이 있다. 그것은 앞에서도 잠깐 언급한대로 〈따오기〉가 발표는 늦어졌지만 그의 처녀작으로서〈소금쟁이〉보다 먼저 지어졌다는 점이며, 또 하나는 그의 출세작인〈소금쟁이〉가 표절시비로 당시 크게 논란되었던 점이다.

---

4) 석용원,「한정동 동요문학고, (숭의여자전문대학 논문집, 1981).
5) 한정동,「문단데뷔와 작품활동」,《현대아동문학》1호, 1973, p. 29.

첫번째, 처녀작의 문제는 작자 자신이 뒤에 술회한 바에 의하면[6] 열일곱 살에 어머니를 여의고 3년 동안 농사를 짓다가 평양고보 2학년에 보결시험을 보아 들어갔는데, 그해 가을에 쓰게 되었다는 것으로, 〈따오기〉가 훨씬 앞서서 쓰여진 점이다. 이는 〈따오기〉의 작시경향과 그 뒤의 다른 동요 작시경향이 크게 다르다는 것은 중요한 근거가 될 것이다.

다음으로, 그의 출세작이요, 대표적 동요인 〈소금쟁이〉가 당선된 이듬해에 표절시비로 거센 논란에 올랐던 점이다. 1926년 9월 23일 동아일보 '문단시비'란에 홍파(虹波)의 "〈소금쟁이〉는 번역이다." 라는 글이 나오면서부터 논쟁이 시작되어 같은 해 11월까지 무려 아홉 차례에 걸쳐 계속되었으나 확실한 결말이 나질 않았다.

> 한정동군의 〈소곰쟁이〉에 대하야 문제가 만은 모양이다. 이에 대하야 홍파군의 박문은 당연한 것이다. 나는 차라리 번역인가? 하는 미지근한 말을 쓰니보다 표절이라고 하는 것이 지당한 것인 줄로 안다.[7]

> 한정동씨의 작문과 일문 작품을 대조하면 정동씨의 작품은 두말할 것 없는 역이다. 일문과 두어 구절 상위되는 점이 있지만 그것은 우리말로 번역 하랴면 그대로 역할 수 없는 부분이니 그것을 이유로 하고 번역임을 부인하면 그 수작이야 말로 동서불변의 어린애 수작이다.[8]

> 전번 홍파군이 일문은 작년도 하기 학습장에 낫든 것이요 한군의 그것은 금신춘년문예호에 발표되엿스니 그것을 창작이라 밋을 수 없다고 함에 대하야 한군은 다시 그것을 발표한 것이 1923년 12월임에야 엇지하랴 하는 한 마듸로 그것은 과연 한군의 것이엿고나 하고 시비는 끝을 막은 것같다. 그러나 이제 한군이 1923년 12월작이라 하는 그것은 홍파군의 작년도 하기학습장에 잇든 것이라고 말한데 대한 구차

---

6) 한정동, 「〈따오기〉를 쓰던 시절」, 《사상계》, 1965. 5.
7) **韓長道**, 「예술적 양심이라는 것」, 동아일보, 1926. 10. 23.
8) **崔湖東**, 「〈소금쟁이〉는 번역이다」, 동아일보, 1926. 10. 24.

한 변명에 불과하게 밧게는 아니 들린다. 이제 일문의 원작자인지 그야 말로 오히려 한군의 그것을 역한 사람인지는 모르나 일문으로 쓴 그 사람이 만약 1923년 12월 23일 이전에 발표한 것이라면 종말이 길어지는 듯하나 한군은 무엇이라고 할터인가. 한군은 그 동요를 쓰게 된 동기를 느러노코 구태여 번역을 아니쓰랴 한 것이 너무도 일문과 이상하게도 갓태서 사회 여러분께 혹 오해나 가지지 안나 하여 유래를 대강 말한 소이입니다 라고 원작이라는 것을 써놓코 크게 변명에 힘썼다……⁹⁾

시비의 초점이 표절이냐 번역이냐 하면서 표절이나 번역을 기정사실화 하여 논란하고 있는데 대해서, 작자는 원작이며 우연한 일치라고 주장하고 있음을 볼 수 있다. 아직까지 이 시비에 대해서는 이렇다 할 결말이 나지 않고 의문을 남겨 둔 것이 또한 석연치 않은 문제이다. 어떻든 표절인지 번역인지의 시비가 크게 일었던 것은 그 대상 작품인 일문과 소금쟁이 사이에 유사점이 너무나 많았던 점이 요인이었을 것이다. 그것은 한정동씨가 당시 동요문학 작품의 형식적 모델로 즐겨 써온 7.5조에 대한 영향관계를 짐작하게 해준다.

평양고보를 졸업하기 전후로 평양시청 서기로 근무하기도 했으나 삼일운동 때에는 집단사표 사건을 주도하여 그만두고, 그곳 삼숭(三崇)사립 학교에서 어린이를 가르쳤다. 다시 1936년부터 1939년까지는 조선일보, 동아일보의 진남포 지국장 겸 기자로 일했고, 그후로 진남중학교 교사로 있다가 해방을 맞이했다.

그동안 〈갈닢피리〉와 〈산 너머 저편〉을 《어린이》지(1926년)에 발표한 것을 비롯하여 《동아일보》, 《별나라》, 《조선문단》, 《아이 생활》 등에 연 달아 동요를 발표했다. 일제 말기에는 〈땅달보〉라는 작품이 왜놈들을 풍자했다는 이유로 곤욕을 당하기도 했다. 또 해방 후에는 이미 발표 했던 〈산 너머 저편〉을 당시 공산치하의 《어깨동무》라는 아동문학지에 게재하여, 산 너머 저편이 남한이 아니냐 하여 다그침

---

9) 金元燮, 「〈소곰장이〉를 논함」, 동아일보, 1926. 10. 27.

을 받기도 했다.[10]

　해방 후에 그는 진남포 영정국민학교를 설립 교장에 취임했으나, 공산치하 6년 동안 거의 작품을 발표하지 않다가 1.4후퇴 때 가족은 그 대로 둔 채 딸 한득실(韓得實)만을 데리고 남하했다.

　1951년부터 2년간의 부산 국제신문사의 기자, 1954년부터 7년간의 서울 덕성여고 교사 등을 역임하는 등 기자생활과 교사 생활을 하면서 한때 한국아동문학회 회장을 맡기도 했다.

　1957년에 작품집 『갈닢피리』, 1968년에 동화집 『꿈으로 가는 길』을 냈다. 1968년 5월 4일, 서울교육대학과 노래동산회에서는 46회 어린이날을 맞이하여 한정동을 '고마우신 선생님'으로 뽑아 시상했는데, 그것이 계기가 되어 1968년 10월에 한정동아동문학상이 제정되었다. 1976년 6월 23일 83세를 일기로 타계하였는데 경기도 시흥시 군자면 물왕리 남대문교회 묘지에 있는 그의 묘지에는 1977년 6월 23일(따오기)를 새긴 시비가 세워졌다.

III. 한정동 동요문학의 특성과 문학적 의의

　1920년대 아동문학의 특징적 현상을 한 마디로 표현한다면, 7.5조 음수율 중심의 동요문학이 꽃을 피운 시대라 할 수 있다. 낡은 생각을 벗어버리고 새로운 자각에 의해서 발전되어 간 아동문학은 전통적 율조인 4.4조를 버리고 창가 형식에서 배운 7.5조를 습용하면서 비록 감상적이기는 했지만 동요황금시대를 이루었다.

　이렇게 동요문학이 꽃을 피우게 된 그 저변에는 아동들에게 많은 노래를 부르게 함으로써 정서적으로나마 일제의 질곡에서 벗어나게 해 보려는 당대 아동문학인들의 의도가 잠재해 있었다고 볼 수 있다. 또한 기미독립운동의 실패를 맛본 당대인들의 극도에 달한 좌절감을 달래는 방법으로써 노래의 효용에 주목했을 것이다. 따라서 아동들

---

10)　석용원, 앞의 논문, p. 33.

에게 노래를 주어야 한다는 사명감을 스스로 느낀 채 동요 창작에 전념 했을 것임이 분명하다.[11] 또한 개화기부터 크게 성행했던 창가의 영향도 컸다고 본다. 창가는 개화된 학교에서부터 시작하여 일반 민중 속에 크게 유행했는데, 이것은 당시의 국민적인 신흥감정과 일치되는 요소를 그들 개화가사와 창가가 내포하고 있었기 때문이다.[12] 서양식 악조에 대한 관심과 교회의 찬송가에 힘입어 이 개화가사와 창가는 창작 동요의 문학적 온상을 준비하는 역할을 했다.

이 창가는 처음의 전통적 율조로부터 차츰 7.5조 중심으로 변조되면서, 1920년대 7.5조 중심의 동요황금시대를 이루는 데에 큰 영향을 끼쳤다. 1923년에 간행되기 시작하여 1934년까지 12년 동안 발행되면서 아동문학을 주도했던 것이 《어린이》지였던 것은 잘 알려진 일이다. 이 《어린이》지에 발표되었던 운문이 대부분 외형률이 철저히 지켜진 동요 위주였으며, 그 외형률이 또 대부분 7.5조로 이뤄져 있음만 보더라도 이 때에 7.5조 운율이 차지하는 비중이 어떠했는가를 가히 짐작 하고도 남을 만하다.

이 7.5조 음수율이 운문 형식의 대종을 이룬 까닭은 창가의 형식으로써 7.5조를 대거 수입한 육당 등의 영향[13]때문이기도 하며 지식량의 확대와도 관계가 있을 것이다. 4·4조가 유교적 이념을 표현하는 데, 가장 적합한 형태였다면, 새 지식을 표현하는 데는 그와 다른 양식을 필요로 하지 않을 수 없었을 것이다. 새로운 내용은 새로운 형식을 항 상 요구하기 때문이다.[14] 또한 7.5조 일변도의 동요가 되게 한 원인으로서 작곡동요의 보급을 들지 않을 수가 없다. 《어린이》지 2권 2호에 작곡동요 〈고드름〉이 게재되면서 부터 작곡동요의 출현이 빈번해지게 되었는데 이때의 작곡동요 가사가 거의 7.5조 음수율로 이뤄진 것들이었다. 이 7.5조 형식은 작곡에서 네 마디, 두 동기,

---

11) 문삼석, 「1920년대의 동요고」, 「아동문학과 평론」(웅진출판사, 1988) p. 152.

12) 이재철, 앞의 책, p 40.

13) 김대행, 『한국시가구조연구』, (삼영사, 1976), p. 62.

14) 김윤식 外, 『한국문학사』, (민음사, 1974), p. 112.

한 절을 형성하기에 아주 적합한 구조이다. 그러므로 읽어서 음미하는 동요가 아니라 작곡을 전제하고 지어지는 동요라면 그에 적합한 음수율로 쓰는 것은 자연스러운 현상이었을 것이다. 오늘날 수많은 교가, 의식가와 가요들이 7.5조 형식의 가사로 된 것이 많은 까닭도 이런 작곡의 편리함과 관련되어 생각해 본다면 쉽게 이해되는 일이다.

어떻든 당시 《어린이》지에 투고되어 실린 '입선동시'들도 거의 7.5조로 되어 있어 동요는 7.5조로 쓰는 것이다'라는 판에 박은 생각을 갖게 할만했다.

7.5조 중심의 외형률을 중시하고 감상적 내용이 주가 되었던 1920년대의 동요문학은 1930년대에 들어서면서 변화되기 시작했다. 그것은 형식면에서는 7.5조 위주였던 것이 점차 흐트러지면서 자유율의 동시로, 내용면에서는 감상적인 것들로부터 다양화되는 것들이었다. 이러 한 변화 요인을 문삼석[15]은 ①10여 년간 지속되어 온 7·5조에 염증을 느꼈다 ②표현하고자 하는 謠의 내용이 질적으로 달라지면서 새로운 형식이 요구되었다 ③점차 문학 자체에 대한 인식이 깊어 감에 따라 내재율을 중시한 동시로 접근해 갔다 ④노동, 빈부, 희망, 용기 등 현실 문제에 관심을 갖고 소재를 확대해 갔다 ⑤형식의 변화에 따른 새로운 내용을 추구하게 되었다는 등으로 들고 있다.

1920년대 동요문학은 암울한 사회성을 반영하는 애상적인 내용과 7.5조 위주의 형식이 풍미했지만, 1930년대 초에는 대량 발표된 이념적 동요의 영향으로 점차 소재가 확대되고 형식의 다양한 변형이 이뤄지게 되었다. 그러나 1920년대나 1930년대가 근본적으로 큰 변화를 가져온 것은 아니다. 이때의 아동문학 특히 주류를 이룬 운문분야에서는 역시 동요가 중심이 되고 있었는데, 이 동요문학은 아직도 노래적인 동요에 안주해 있거나 시성을 갖추지 못한 것들이 대부분이었다. 곧 문학적 자질에 있어서 크게 기대하기 어려운 형편이었다.

---

15) 문삼석, 앞의 논문, p. 156.

또 하나 큰 문제로는 감상적, 애상적 분위기가 동요문학 전반에 만연되어 있었던 점이다.

동요문학이 예술적으로 고양되기 보다는 노래적인 틀 속에 안주해 있었고, 그 내용이 애상적 정조에만 기울어져 있었던 이 시대에 한정동의 동요는 몇 가지 면에서 색다른 면모를 보여 주고 있어서 시사하는 바가 컸다. 말하자면 1920년대와 1930년대의 문화운동 시대에 동요 문학의 위상을 정립하는 데에 끼친 그의 문학적 의의는 자못 크다 하겠다. 이것을 간략하게 들어 보면 ①노래적 동요의 극복과 시적 동요의 정착, ②애상조의 탈피와 밝은 세계의 지향을 통한 암흑기의 극복, ③동심의 촉발을 통한 예술성의 고양 등이라 하겠다.

1. 노래적 동요의 극복과 시적 동요의 정착

동요황금시대의 일반적 동요는 운율성과 노래성이 한 특징으로 나타난다. 특히 이무렵에는 방정환의 〈형체별〉, 윤극영의 〈반달〉, 서덕출의 〈봄편지〉 등과 같이 망국적 슬픔과 내적 저항의 사고를 노래로 불러 스스로를 위안하는 류의 동요가 크게 각광을 받았다. 이런 기류 속에서 동요가 많이 작곡되었고, 또 동요는 당연히 글자만 맞추면 된다는 생각 때문에 자수율에만 의지하는 평면적 서술의 동요가 주류를 이루게 된 것이다. 거기에다가 창가로부터 동요로의 이행, 곧 문학성이 약한 것으로부터 문학성이 강한 것으로의 이행이 이루어진 지 얼마 되지 않았고, 문학적 소양이 적은 사람들도 민족운동적 차원에서 동요 쓰는 일에 다수 참여했기 때문에 동요를 시적 차원으로 끌어올리는 데에는 무리가 있었다. 그러나 보다 근본적인 문제는 유수한 동요작가 들이 동요는 시가 되어야 한다'는 의식보다는 동요는 재미있게 운율 을 맞춰야 한다는 생각에만 더 비중을 두었던 데에 있다고 본다. 다시 말하면 동요의 시적 요소에는 큰 관심을 보이지 않았던 것이다. 그래 서 읽으면 노래같은 느낌이 들 정도의 노래적 동요가 당대를 풍미하게 된 것이다. 이는 결과적으로 노래적 동요의 틀에 안주하는 일이었다.

① 까치 까치 설날은/어저께구요
　우리 우리 설날은/오늘이레요[16]

② 책상 위의 옷둑이/우숩고나야
　검은 눈은 성내어/뒤뚝거리고
　배는 불러 내민 꼴/우숩고나야[17]

③ 나의 살던 고향은/꽃피는 산골
　복숭아꽃 살구꽃/아기 진달래
　울긋불긋 꽃대궐/차리인 동네
　그 속에서 살던 때가/그립습니다[18]

④ 봄아씨가 아씨지/새아씨가 아씨랴
　아씨 중에 봄아씨/버들개지 낫다네[19]

　①②③의 동요들은 1924년부터 1926년 사이에, ④는 1933에 각각 발표된 것들이다. 더러 곡이 지어져 노래로 널리 불리어지고 있지만 만약 노래가 아니라 해도 읽으면 그대로 노래와 같은 동요들이다. 동요라 해서 글자수만 맞추거나, 포에트리가 없이 음수율만 갖춘다고 해서 이뤄지는 것은 아니다. 『훈몽자회』에는 '합락왈가 무장곡왈요(合樂曰歌 無章曲曰謠)'라는 말이 있고, 『시경』에도 '합곡왈가 종가왈요(合曲曰歌 從歌曰謠)'라는 말이 있는데, 이 말에서 우리는 가와 요의 특성을 어느 정도 짐작할 수가 있다. 동요는 그 자체가 부르는 노래로서의 ?는 아니다. 1920년대와 1930년대의 단순한 반사적

---

16) 윤극영, 〈설날〉, 《어린이》 2권 1호, 1924.
17) 윤석중, 〈옷둑이〉, 《어린이》 3권 4호, 1925.
18) 이원수, 〈고향의 봄〉, 《어린이》 4권 4호, 1926.
19) 정열모, 〈버들 눈〉, 《색진주》, 1933.

글자 맞추기의 노래적 동요가 풍미하고 있을 때에 특이하게 나타난 한정동의 시적 동요는, 바로 이러한 노래적 동요를 극복한 좋은 예가 된다고 하겠다.

새파랗고 잔잔한/널따란 바다
저 위를 걸어가면/걸을 듯도 하네

재빨리 성큼성큼/내어 디디면
빠질리 하나 없이/건널 듯도 하네
　　　　　　　　　-〈바닷가에서〉

달님이 장식했던
구슬 목도리
매었던 끈이 끊겨
헤어졌는지

저기서 골자기로
별관 끝까지
풀닢에 반작반작
진주알이다.

잃어진 진주알을
찾느라군지
달님은 깜빡 않고
내려다 본다.
　　　　　　　-〈달과 이슬〉

그 누가 부는지요/갈잎의 피리.
사람은 안 보이고/강건너 저편
이따금 파란 물결/남실거리면
오라구 가라군지/갈새가 운다.
강가에 아지랑이/졸고 있는데
그 누가 부는지요/갈잎의 피리.

-〈갈잎 피리〉

  이 동요들의 형식을 살펴보면 모두가 7.5조의 외형률로 이뤄져 있다. 그러나 그 앞에서 들었던 동요와 같은 계열은 아니다. 7.5조라는 형식은 같지만 동요의 전체적인 구조는 노래적인 것이라기보다 오히려 시적이다.
  〈설날〉이 '~은 ~요'의 반복, 〈옷둑이〉가 '우습고나야'의 기본 장치, 〈고향의 봄〉이 명사의 배열, 〈버들 눈〉이 '아씨'의 계속 나열 등으로 요성을 지탱하여 효과를 거두고는 있다. 그러나 좀더 자세히 관찰해 보면 이들이 시적 표현면에서 꼭 뛰어난 것이라고 할 수만은 없을 것이다. 여기에 비하면 한정동의 동요는 물론 7.5조라는 외형률에 의지 하고 있긴 하지만 전체적 구조가 요성으로만 끝나고 있지는 않다. '바다 위를 걸을 수 있을 듯하다'는 발상이나, 이슬을 의인화시킨 달의 진주로 비유한 점, 그리고 〈갈잎 피리〉에서 볼 수 있는 배행구조의 자유성이나 도치법 등이 노래적 동요에만 안주하지 않고 시적 동요를 지향하고 있는 모습의 한 흔적들이라고 할 것이다.
  이런 현상은 그의 초기 작품인 〈따오기〉만 빼놓고 거의 노래가사로서 적절치 못하여 설사 곡이 붙여졌다 해도 노래로 널리 불려지고 있지 못한 것만 보아도 짐작이 가능하다. 한정동은 비록 7.5조의 율조를 충실히 사용하고는 있지만, 그 동요의 내적 구조는 요적인 것이라 기 보다는 시적인 냄새가 강하다 할 수 있다. 평면적 반사적인 글자 맞추기가 아니라 한정동의 동요가 동심에 근거한 시적 동요라는 것을 암 시해 주는 것으로, 그가 밝힌 동심에 대한 견해[20]를 보아도 알 수 있다.

> 일반적으로 어른이 되었다 해서 동심을 잃어 버려지지는 않는다고 믿어 의심치 않거니와 그 중에서도 시인은 풍부한 동심의 소유자가 아니어서는 안될 것이며 특히 동요작가가 되는 자격은 무엇보다 먼저 이 동심을 가장 많이 지닌 사람이라야만 가질 수가 있을 것이라고 나는 확신한다.

한정동은 동요에서 가장 중요한 문제를 동심적 발견이라고 보고 있는 것이다. 사실 그가 처음 펴낸 『갈닢피리』에 실려있는 동요만 보아도 그가 얼마나 노래적인 동요를 벗어나 시적 동요에 관심을 두고 있는가를 알 수가 있다. 형식면에서 보면 33편 중 8편만이 자유시 형식이고 나머지 25편은 7.5조로 되어 있다. 이렇게 형식률을 철칙처럼 묵수하면서도 여기에 실린 동요가 음수율에나 의지하면서 평면적이요, 노래적인 동요로 이뤄져 있는 것은 거의 찾아 볼 수가 없다. 비록 개개의 동요가 그가 말한 동심적 시상에 적중하지 못하고 있는 것이 많긴 하지만 모두 자유시적 구조로 이뤄져 있음은 결코 우연이 아닐 것이다.

> 그리워 그리워서
> 찾아 보았소
> 풀언덕 잔디판을
> 휩싸 다녔소.
>
> 할미꽃 안즌뱅이
> 민들레 꽃은
> 봄비가 지나가며

---

20) 한정동, 「동요에 있어서의 동심문제」, 《한국아동문학》1집, (한국아동문학가협회, 1972), p. 11.

작난한 자취.

따르고 쫓아가도
파란 그 자취
산에고 벌판에고
한없는 자취.

-〈봄비의 자취〉

'할미꽃 민들레꽃이 봄비의 장난한 자취'라는 발상이 이 동요의 근간이 되는 동심이다. 7.5조의 엄격한 운율 속에서도 마치 자유시 곧 동시같은 느낌을 갖게 한다. 그의 동요를 명명하여 '7.5조의 동시'라고 한다면 잘못된 말일까.

한정동을 노래말로서가 아니라 시적 동요로 승화시킨 첫째 작가로 손꼽아야 한다[21]고 한 말이 수긍가지 않을 수 없다.

2. 애상조의 극복과 밝음의 지향

1920년대는 1930년대와 함께 아동문단적 입장에서 볼 때 초기 단계 이면서도 중요한 시기였다. 그것은 이 때가 문학적 가치를 말하기 전에 문화운동적 예술운동의 시기였으며, 아동문학이 본질에 입각하여 활발하게 개진되었다기 보다는 조금씩 자리 잡아가는 시기였기 때문이다. 따라서 이 당시의 문학적 성과를 크게 기대한다는 것은 무리일 수밖에 없다.

거기에다 민족적 좌절과 울분을 동요 창작이라는 방법을 통해서 달래 보려는 심인이 작용하여 대부분의 동요 작가들은 감상적이고 애상적인 내용의 동요를 즐겨 썼다. 이원수의 〈고향의 봄〉, 최순애의 〈오빠 생각〉, 방정환의 〈형제별〉과 같은 동요가 다 이 시대의 산물로서 그러 한 특징을 잘 나타내 주고 있다. 이러한 애상적 분위기는 자

---

21) 석용원, 앞의 논문, p. 38.

칫하면 퇴영적이거나 현실도피적인 방편이 될 수도 있어 자기 위안적인 것으로서의 의미가 더 컸을런지도 모른다.

이런 문단적 상황 속에서 한정동은 그런 좌절감이나 어두운 분위기와는 달리, 밝고 미래지향적인 세계를 즐겨 노래하고 있어 매우 색다른 느낌을 주고 있었다. 한정동 자신이 1920년대의 문단상황을 회고하면서 동요 작가들이 자신의 울분을 달래거나 도피시키기 위한 방편으로 동요 창작에 힘썼으며, 자기의 심정을 조금이나마 나타내기 위해서는 동요 창작밖에는 할 일이 없었다고 술회하고 있다.[22] 이런 문단적 상황, 시대적 입장 속에서 일반적 아동문학의 애상적 분위기와는 달리 그의 동요가 밝음과 미래지향적인 내용으로 이뤄져 있었다는 것은 예사 일이 아닐 것이다. 이는 감상적인 세계를 의식적으로 피하여 굳이 희망적인 것을 다루려고 했던 작가의 의지가 작용한 것이라고 볼 수 있기 때문이다.

한정동의 작품세계를 말하면서 이재철[23]은 "초기부터 순정의 문학적 호소로 출발한 그의 동요는 특히 간결히 표현된 정서와 어렴풋한 애상이 깃든 것이 일관된 경향이었다. 그리고 그것은 삼일운동 이후 '백조파'에서 고조되어 당시 문단을 풍미하던 감상주의에 크나큰 영향을 받아 로만적이면서 동심적인 경향과 함께 이 나라 적치하 아동문학의 주류 구실을 했다. 이것이 그가 오랜 교직 상황에서 굳힌 애국주의적 반일주의적 교육관이 소극적 방법인 현실도피와 자기탐애적 감상에 빠진 결과이기도 했다"고 언급했다. 그러나 한정동의 작품세계를 자기탐애적 감상이라고 본 것은 큰 잘못이라고 여겨진다. 그런 경향의 작품은 처녀작이라고 알려진 〈따오기〉 등에만 나타날 뿐, 오히려 대부분의 동요는 반대로 밝고 희망적이며 미래지향적인 것이 주류를 이루고 있기 때문이다. 『갈닢피리』에 실린 그의 동요 33편 중에서 감상적. 애상적인 내용의 것은 거의 볼 수가 없다. 봄날의 밝은

---

22) 한정동, 「내가 걸어온 아동문학 50년」, 《아동문학》 7호, (배영사, 1973), p. 73.
23) 이재철, 앞의 책, p. 148.

분위기나 한가한 농촌의 정취, 자연현상의 모습 등 오히려 감상적인 것을 극복하려는 내용의 것들이 대부분이다.

저 멀리 거리에는/등불이 반짝/저 높이 하늘에는/별 애기 반짝.
등불은 별 애기를/별은 등불을/서서도 마주 보며/웃고만 있다.
-〈밤〉

빨갛게 새빨갛게/북새가 뜨면/내일도 날이 좋다/기쁘다군지/뽀각 뽀악 며구리/노래 부른다.
뽀각뽀악 며구리/ 노래 부르면/자던 별도 하나 둘/눈을 비비며/반작 반작 논들을/내려다 본다.
-〈봄날 저녁〉

흰구름 검은 구름/길내기 한다.
별하고 달하고는/숨기 내기다.
나무는 잘한다고/손을 흔든다.
-〈바람부는 달밤〉

〈밤〉에서는 '등불'과 '별 애기'가 마주 보며 상응한다는 시적 발견을 통해서 밝은 분위기를 표현하고 있으며, 〈봄날 저녁〉 역시 '뽀각 뽀악 노래하는 며구리'와 이에 대응하는 '별'의 시적 상상이 모티브가 된 밝은 동심이고, 〈바람부는 달밤〉도 '흰구름과 검은 구름', '달과 별의 내기에 나무가 등장하여 손을 흔드는 동심적 발상이 아주 밝고 회화적이다.

이런 밝고 희망적 분위기가 주조를 이룬 동요는 〈제비〉, 〈형제 딸기알〉, 〈올챙이와 개구리〉, 〈별과 꽃〉, 〈봄〉, 〈봄날〉, 〈갈새〉 등 얼마든지 있다.

암울한 시대적 상황 속에서 웃음을 잃기 쉬운 어린이들에게 밝은 꿈을 제시해 준다는 것은 현실도피적이거나 애상적인 것보다 훨씬 어려운 일이며 또한 뜻있는 일이었다고 아니할 수 없다.

1920년대의 우리 아동문학계에 번져 있는 감상주의, 더 구체적으로 말하면 소파의 〈형제별〉과 같은 '눈물주의'를 마해송이 비판하고 있는 것을 볼 수 있다. 마해송은 '현실을 과학적으로 똑똑히 바라 볼 수 있는 눈'을 지니도록 어린이를 지도해야 한다고 전제하므로서 소파의 영웅주의와 눈물주의를 극력 배척하고 있다. [24]

밝음과 희망의 특징을 보이고 있는 한정동의 동요는 한편 그 밝음과 희망의 제재를 대부분 우리의 전래적 농촌환경과 자연 속에서 구하고 있었다. 토속적 분위기, 모르는 것에 대한 동경, 자연 관조 등이 소박한 동심과 어울려 독특한 시미를 배어나게 해주고 있다.

> 그 누가 띄웠을까/작은 갈닢배/사공은 어디가고 혼자 떠 갈고!
> 어디서 떠오는가/작은 갈닢배/물어도 대답없이/가기만 한다.
> 어디라 마다리만/작은 갈닢배/새파란 꿈나라가 평생의 소원
> ―〈갈닢배〉

> 산 넘어 저편에는/누가 살길래/뻐꾹새 뻐꾹뻐꾹/게서만 울고!
> 산 넘어 저편에는/누가 살길래/달님도 매일매일/게서만 뜰고?
> ―〈산 넘어 저 편〉

'새파란 꿈나라'를 갈닢배를 통해서 동경하고 '산 넘어 저편'을 그렇게 희원하듯 그의 소박한 마음은 가장 '우리적인 것'으로부터 우러나오고 있다 하겠다. 그의 동요관이라 할 글에도 이런 점은 잘 나타나 있다. 「동요에 있어서의 동심의 문제」에서, 그가 동요의 뿌리가 우리 것에 두어야 한다고 강조하고 있는 것만 보아도 알 수 있다.

새 동요는 예로부터 구전되 내려온 재래의 동요에다 뿌리를 두어야 할 것이다. 그래야만 우리의 풍습이며 전통은 물론이요. 본래

---

24) 석용원, 앞의 논문. p. 36.

가지고 있는 우리 어린이의 동심을 그대로 살릴 수가 있기 때문이다.········동요도 시대와 장소와 환경에 따라 변화하는 것이 사실이긴 하지만 나는 몇천년을 두고라도 우리 동요는 어디까지나 우리 동요로라는 일관성을 가져야 한다.[25]

한정동의 이러한 애상조의 극복과 밝음을 지향하는 동요의 특징은 1920년대의 국민개창적 동요를 벗어나 1930년대 예술적 창작의 동요나 동시를 개척하는 데에도 중요한 역할[26]을 했다고 본다.

3. 동요문학의 예술성 고양

1920년대의 아동문단에 대한 특성을 여러 차례 말하면서 '노래적 동요'와 '감상적 내용'을 들었다. 이는 동요의 내용이 지나치게 애상적인데에 빠져 있고, 동요들이 대부분 평면적 글자 맞추기에 머물러 있었다는 이야기이다. 그러나 이 뿐만은 아니다. 한 가지 더 덧붙인다면 아동문학 초창기로서 아무래도 문학성 곧 질적인 면에서의 소졸했던 점을 들지 않을 수가 없다. 아직도 창가조의 틀을 벗어나지 못한 상태로서 어린이에 대한 애정과 문학에 대한 정열만을 무기로 너 나 할 것 없이 작품을 쓰고 발표했던 것이 당시의 아동문학 작단의 상황이었던 것이다.[27] 이러한 작가의 양적 증가에 반해 작품의 수준은 낮고 소아병적인 치졸성은 어쩔 수 없었던 것이다. 거기에다 1920년대의 중반부터 프로문학의 영향이 거세어지면서 아동문단도 혼돈과 무질서의 와 중에 빠지게 되고 자연히 질이 낮은 작품의 범람시대가 된 것이다.

이런 상황 속에서 한정동은 모국어 활용의 묘와 동심 촉발을 통한 동요의 예술성을 고양시키는 데에 주력했다. '에돌고 감돌며', '꼬랑

---

25) 한정동, 「동요에 있어서의 동심문제」, pp. 10~11.
26) 이재철, 앞의 책, p. 88.
27) 이재철, 앞의 책, p. 130.

지', '허제비', '빠그각 빠그각 뽀각 뽀각', '저녁 북새', '벌불 놓는 아이' 등 우리말을 되살려 시어로 쓰는 노력이 역력했다. 뿐만 아니라 '동요를 쓰는 의의는 아동들에게 주기 위한 것이기에 동심으로 쓰여져야만이 순진한 동요가 이뤄질 것은 물론이요, 예술적 가치가 뚜렷하게 나타난다'[28)]고 하면서 어린이의 끊임없는 호기심과 동경에 충족될 수 있는 동요 짓기에 노력을 다했다.

> 가을 나무 잎은/심술쟁이/바보랍니다.
> 소제를 끝냈는데/또 소제를 시킨답니다.
> —〈가을 나무 잎〉

> 곁집의 닭이/멀리서 우는 듯-
> 하루 종일을/봄비가 내린다.
> —〈비오는 날〉

> 파란하늘/빨간 잠자리-
> 벼 이삭이/쏙쏙 목을 뺀다.
> —〈장마 뒤〉

　여기서 든 세 작품은 모두 아주 간결한 절제미를 보이고 있는 동요들이다. ①은 자꾸 소제만 시키는 가을 나무 잎, ②는 옆집 닭이 우는 소리같은 비오는 소리, ③은 색채 이미지의 대비와 의인화된 벼이삭 등이 각각 시를 이뤄주고 있다. 깔끔하고도 직접적인 발견의 아름다움이 더욱 돋보이고 있다.

　아동문학이 명확하게 분화되지 못한 초창기에 이런 시적 동요가 있었다는 것은 대단히 의미있는 일이라 하겠다. 관용적인 문어체 또는 언어적 유희에 빠지지 않고 동심에 바탕을 둔 시적 표현이 이뤄질 수 있었던 것은 작자의 문학의식이 높았기 때문이었다.

---

28) 한정동, 「동요에 있어서의 동심문제」, p. 13,

한정동 동요의 제재나 내용을 살펴보면 다른 사람의 동요에 흔히 나타나는 선행이나 도덕심 함양과 같은 것이 별로 보이지 않는다. 이는 그의 동요가 제재면에서 순수성이 높고, 교훈성보다는 예술성에 비중을 두고 있다는 것을 말해 주고 있다.

물론 한정동의 경우 지나치게 7.5조에만 묶여 탈피하지 못했던 점이나, 외형률을 깨뜨리는 것이 동시인 것으로만 생각하면서 뒤에 비정형적 동요를 썼던 일, 그리고 〈소금쟁이〉에 얽힌 불분명한 의혹 등 문제가 될만한 일들이 있었지만, 어떻든 우리나라 초창기 아동문학계를 종횡무진하면서 현대 아동문학사의 서두를 크게 장식해 온, 그리하여 창작동요의 개척과 그 질적 향상에 기여한 그의 공은 결코 작은 것이 아니라고 본다. 그는 별로 각광받지 못했던 아동문학 하나에 몰두하며 외로운 길을 걸어온 개척자였다.

IV. 결론

이상에서 한국 아동문학사의 초창기부터 생애를 함께 해오며 뚜렷한 문학사적 업적을 남긴 한정동의 문학적 생애와 그의 동요문학의 특성을 알아보았다.

그는 한국아동문학사상 최초의 신춘문예 당선자로서, 또한 '창가 → 동요 → 시적 동요 → 동시'의 이행 과정에서 시적 동요를 정착시킨 장본인이다. 곧 노래적인 동요로부터 벗어나 시성을 지향한 문학의식으로 1920년대부터 1930년대에 이르는 동요황금시대에 동요 문학의 문학적 위상을 확립시킨 개척자라 할 수 있다.

그는 1894년 평안남도 강서군 초리면에서 출생하여 평양고보를 나왔다. 어려서부터 문학적 소질을 발휘 〈따오기〉를 처녀작으로 하여 수많은 시적동요를 창작했었는데 특히 감상적이요, 평면적이며 노래적인데에 머물러 있던 당시 동요의 경직성을 깨뜨리고 세 가지 면에서의 뚜렷한 문학적 특징을 보여주고 있다. 그것은 첫째, 노래적 동요를 극복하고 시적 동요를 정착시킨 일이요. 둘째, 시대적 좌절의식에서 나온 애상적·감상적 분위기를 탈피하여 희망적인 밝음을 지향해 간 점이며 셋째, 평면적 글자 맞추기의 동요 일반의 타성을 벗어나 동심을 바탕으로 한 동요의 예술성 고양에 노력한 것 등이다.

시청 직원, 신문사 지사장, 신문사 기자, 1.4후퇴 때의 월남, 초·중고의 교사 등 파란 많은 생애를 살아오면서 동요문학 하나로 일관하여 이 땅의 아동문학을 위해 노력한 그의 삶과 문학을 한 마디로 요약한다면 '한국동요문학을 정립시키면서 한국아동문학사와 함께 해 온 생애'라고 말할 수 있으리라.

〈참고문헌〉

김대행,『한국시가구조연구』, 삼영사, 1976.
김윤식 외,『한국문학사』, 민음사, 1974.
문삼석,「1920년대의 동요고」,『아동문학과 평론』, 웅진출판사, 1988.
석용원,『아동문학개설』, 예문관, 1974.
----,「한정동 동요문학고」, 숭의여전논문집, 1981.
유경환,『한국현대 동시론』, 배영사, 1979.
이재철,『아동문학개설』, 문운당, 1967.
----,『한국현대아동문학사』, 일지사, 1978.
한정동,『갈닢피리』, 청우출판사, 1957.
----,『꿈으로 가는 길』, 문예출판사, 1968.

제2부 한정동 작가론과 작품론

한정동 작가론과 작품론

백민 한정동의 삶과 문학

박상재
(아동문학가, 문학박사)

I. 들어가는 말

백민(白民)[1] 한정동(韓晶東)은 1894년 12월 7일 평안남도 강서군 초리면[2] 이월리에서 출생했다. 본관은 청주이며 한승규(韓升奎)의 4남 2녀 중 셋째 아들[3]로 태어났다. 그는 다섯살 때부터 형들이 다니는 서당에 따라가 천자문을 익히고 여섯 살 때 동문선습을 배운다.[4] 1909년 결혼과 더불어 평양 숭실학교에 입학하였다. 이듬해 그의 문학적 소양을 길러준 모친이 별세하자 실의에 빠져 숭실학교를 자퇴한다. 그 후 고향에서 농사를 짓다가 1912년 평양고등보통학교 2학년에 편입하여 1916년 졸업한다.

1917년 총독부에서 시행한 보통문관 시험에 합격하여 진남포 시청 서기로 부임하여 3년동안 근무한다. 민족주의 사상이 깊었던 그

---

1) 서학산인(棲學山人)·성수(星壽)라는 호도 병용하였다. 그의 호가 서학산인인 것은 그의 고향에 있는 산이름이 서학산이기 때문이다.
2) 도산은 1878년 초리면 칠리 도롱섬에서 태어났다.
3) 그의 형은 도산이 1908년 평양에 세운 대성학교에 다니며 창가를 배워 한정동에게 가르쳤다. 그런 관계로 그는 '창가명창'으로 불리웠고, 가끔 노래를 지어 혼자서 흥얼거렸다고 회고한다. 「문단 데뷔와 작품 활동」,장영미엮음,『한정동선집』,현대문학, 2009, 398쪽
4) 그가 서당을 다닐 때 어른들이 이름을 재동으로 고치자고 할만큼 총명했다. 소학교 고등학교에서도 수석 자리를 독차지하였는데 과거시험에 장원급제한 거의 삼촌은 "우리 형제 소생이 일곱명이나 되지만 나를 대적할만한 놈은 큰집 셋째(백민) 한 놈뿐"이라고 했다고 술회한다. 「잊혀지지 않는 두 가지」,『한정동선집』, 385쪽

는 홍만호와 함께 기독교계 학교의 소년회를 중심으로 보이스카우트의 전신인 '소년척후단' 창단에 관여한다. 이윽고 서기직을 버리고 1920년 삼숭(三崇)학교[5] 교사로 부임하여 5년 동안 교편을 잡는다. 백민은 교직에 있으며 동시를 쓰기 시작한다. 많은 습작 중 〈소금쟁이〉[6], 〈달〉, 〈갈잎배〉, 〈어머니 생각〉 등 4편을 골라 1923년 매일신문, 1924년 조선일보 신춘문예에 응모하지만 낙선한다. 같은 작품들을 1925년 동아일보에 응모하여 당선한 후 동요 창작에 매진[7]한다.

이후 1930년부터 1932년까지 〈조선일보〉 진남포 지국장 겸 기자로 있었고, 1937년부터 3년 동안에는 〈동아일보〉 진남포 지국장을 맡아 일했다. 일제 말엽 진남포의 비밀결사 모임인 '십인회'[8] 회원으로 일제에 항거하고 시국토론을 하는 등 민심과 여론을 유도하는 등 항일운동에도 참여한다. 해방 후에는 소련 점령군에 의해 진남포시 인민위원회 시장직에 임명되지만 몰래 도피하여 단 몇 시간 동안의 시장을 경험한다. 이로 인해 요주의 인물로 몰려 부인의 빈대떡 장사로 생계를 유지하기도 한다. 그는 조만식이 결성한 조선민주당 진남포 시당 창당 멤버로도 활동하였다. 그 후 6·25전쟁 전까지 진남포 용정국민학교를 설립하여 교장으로 근무하기도 한다.

한정동은 슬하에 1남 3녀를 두었는데 둘째가 아들이고 나머지는

---

5) 진남포에 있었던 사립학교로 〈화수분〉의 작가 전영택도 이 학교 교사로 있었으며, 윤심덕, 박인덕, 김일엽 등이 이 학교를 다녔다. 이 무렵 '나팔꽃'의 시인 곽노엽도 진남포에 살았다.

6) 虹波는 1926년 9월 23일자 동아일보 3면 문단시비「당선동요 소금쟁이는 번역인가」라는 제호의 글에서 〈소금쟁이〉는 보통학교 6학년생 하기휴학습장의 일문시와 유사하다며 그 일문시를 공개하였다. 심사위원이었던 김억은 10월 8일자 〈소금쟁이에 대하여〉라는 글에서 신춘문예 당선작은 문제가 된 '소금쟁이' 뿐 아니라 '갈잎 배' 등 다른 작품도 있고 그 뒤에 발표한 동시를 보면 소질을 인정할 수 있다는 요지의 글을 썼고, 한정동은 10월 9일, 10일 자에 소금쟁이의 창작과정을 자세히 소개하며 결코 번역한 것이 아님을 피력하였다. 이 사건은 결국 '비슷하기는 하지만 표절은 아니다'라는 결론으로 흐지부지 막을 내렸다.

7) 내가 동요에 당선되어 문단에 이름이 오르기 시작하자 첫째는 명예보전을 위하여 둘째는 책임 완수를 위하여 짬만 있으면 노래 쓰기에만 열을 올렸기에 단 오년 동안에 무려 오백편의 동요를 쓸 수가 있었다. 「문단 데뷔와 작품 활동」, 앞의 책, 400쪽.

8) 진남포 용정병원 이현주 원장이 주도하였다.

딸이다. 전쟁이 난 후 1950년 12월 막내딸[9]만을 데리고 피난을 한다. 피난 생활이 오래지 않을 것 같아 원고를 두고 왔기 때문에 많은 작품이 유실[10]된다. 이후 1951년부터 1953년까지 〈국제신보〉사 기자로 일하다, 1953년부터 1960년까지 덕성여자고등학교 교사로 근무한다.

1958년에는 작품집 『갈잎 피리』[11]를 상재하였고, 1968년에는 동화집 『꿈으로 가는 길』을 펴냈다. 1968년 '노래동산회'(대표 박병두)와 서울교육대학 아동연구회에서 제정한 '고마우신 선생님상'[12]의 상금과 개인 돈을 내어 1969년 '한정동아동문학상'을 제정하였다. 원고료를 저축[13]하여 모은 오십만원이 상의 기금이었으며, 이 이후에도 원고료를 모아 상금을 마련하였다.

한정동은 1976년 6월 23일 83세를 일기로 타계하여 경기도 시흥시 산현동 남대문교회 묘지에 영면하고 있다. 그의 무덤 가에는 아동문학가 박경종이 글씨를 쓴 '따오기 시비'가 자리잡고 있다.

II. 백민의 작품 세계

1. 한국 아동문학의 태두

백민은 우리나라 아동문학계 신춘문예 제1호 당선작가이다. 1925

---

9) 이후 딸은 학교를 마치고 한국은행에서 행원으로 근무하였다.
10) 나는 수많은 동요를 써서 각 잡지와 신문에 고료없이 게재하였는데 특히 〈별나라〉에는 매달 한 두편씩 책임을 지고 보냈던 것이다. 나는 이렇게 발표된 것과 발표되지 않은 작품들을 합쳐 무려 삼백여 편이나 모아 두었는데 1·4후퇴 때 쉬 돌아올 것이라는 예측도 가졌지만, 너무 총망하여 묶어놓았던 짐짝을 가지고 올 힘이 없어서 그냥 왔으니 그 물건들이 남아있을 리가 없을 것이다. 「내가 걸어온 아동문학 50년」, 〈아동문학〉7집, 1963.12.
11) 청우출판사에서 상재한 책으로 동화 33편, 동요(시) 33편, 동극 3편이 실려 있다.
12) 벽지와 섬학교 교가 지어주기 운동에 참여한 아동문학가 작곡가들에게 수여한 상으로 1963년 제1회 상은 윤극영이 받았고, 윤석중, 박태준, 이흥렬로 이어졌다.
13) 차비를 아끼려고 안국동에서 거주지인 상도동까지 걷기도 했다.

년 동아일보는 최초로 신춘문예제[14]를 실시한다. 백민은 동아일보 신춘문예에 당선하기 전 1924년 〈별나라〉 6월호에 동요 '일편단심 민들레'와 '모종'을 발표한다. 한국 동요의 황금시대를 여는데 기여도가 가장 큰 매체는 1923년 방정환에 의해 창간된 〈어린이〉[15]지이다. 〈개벽〉[16]의 자매지인 이 잡지에 윤극영[17]은 '반달'(1924년)을 발표하고, 유지영[18]은 〈고드름〉을 발표한다. 서덕출[19]은 〈봄편지〉(1925년)를, 이원수[20]는 〈고향의 봄〉(1926년)을 발표한다. 한정동이 1925년부터 1928년까지 4년 동안에 〈어린이〉지에 발표한 작품 수는 14편이다. 같은 기간에 활동했던 윤극영 3편, 이원수 3편, 유도순[21] 3편, 손진태 1편, 진장섭 1편, 윤석중[22] 1편을 발표한 것에 비하

---

14) 1923년 3월 동아일보는 1천호 기념 삼금1천원 대현상공모를 실시한다. 동요 부문에 유도순의 '별' 이헌구의 '봄'이 갑에 당선하는데 이는 신춘문예 제도 이전이다.

15) 1923년 3월 1일 창간되었다. 초대 편집인은 방정환이었고, 그뒤 김옥빈·이정호·박달성·손진태·윤석중 등이 맡았다. 창간호만 일본 도쿄에 있는 천도교소년회에서 펴냈고, 제2호부터는 개벽사에서 펴냈다. 〈개벽〉·〈신여성〉과 함께 개벽사에서 발행하는 3대 잡지 가운데 하나였다.

16) 1920년 6월 25일 창간되어 1926년 8월 1일 통권 72호를 끝으로 강제 폐간되었다. 사장 최종정, 발행인 이두성, 편집인은 이돈화였다.

17) (1903~1988) 서울에서 태어나 경성고보를 졸업했다. 도쿄 음악학교의 사범과 재학 시절인 1922년 방정환·조재호·진장섭·손진태·정순철·고한승 등과 한국 최초의 어린이 문화단체인 색동회를 조직하고 동요를 작곡하면서 어린이운동을 이끌었다.

18) (1896~1947) 선린 중학 졸업후 와세다대학에 다니다 음악전문학교로 전학하여 바이올린을 전공했다. 1918년에 귀국하여 동아일보 사회부 기자를 지내며 동요 동화를 발표하다 해방후 지병으로 사망하였다. 고드름 1924년 2월호 〈어린이〉지 머리시로 발표되었다.

19) (1906~1940) 울산에서 출생하여 신체장애로 어려서부터 가정에서 독학하였다. 1925년 〈어린이〉에 '봄편지'를 발표하여 문단에 등단하였고, 그 뒤 '봉선화', '봄맞이' 등 70여 편의 동요를 발표하였다.

20) 이원수는 1925년 〈어린이〉지 5월호에 실린 한정동의 '두루미'를 읽고 동요짓기에 몰두했다고 회고한다. 이원수가 〈어린이〉지에 발표한 동요는 '고향의 봄' 외에 1927년 '섣달 그믐밤', 1928년 '기차' 등이다.

21) (1904~1938) 평북출생. 만년에는 신의주에서 거주하였다. 일본에 유학하여 니혼대학(日本大學) 영문과를 졸업한 뒤 4년간 신문기자를 지냈다. 〈어린이〉에 동요 '닭알'(1928.2), '조희배'(1928.7), '개똥벌레'(1928.7.) 등을 발표하였다.

22) 윤석중은 13세 때인 1924년 봄 〈신소년〉 독자투고란에 '봄'을 투고하여 실린 뒤, 1925년 〈동아일보〉 신춘문예 동화극 부문에 '올빼미의 눈'이 가작 입선한다. 그 후 1925년 〈어린이〉 10월호에 '오뚜기'가 추천된다. "따뜻한 봄이 오니/ 울긋불긋 꽃봉오리/ 이곳 저곳 나비춤//따뜻한 봄이 오니/ 파릇파릇 풀잎사귀/ 여기 저기 새소리 '봄' 전문

면 한정동의 왕성한 활동력을 알 수 있다. 따라서 한정동은 한국동요의 황금기[23]를 이끈 트로이카 중에서도 리더인 셈이다.

백민은 고향인 강서 초리면 이리섬(일명 남포답)의 자연과 정서를 동시로 표현 하였다. 그의 고향 이리섬은 대동강에서 갈라져 나온 봉상강의 지류라 물이 풍부하고 갈대밭과 버드나무가 많았다.

> 갈밭 안쪽에는 큰 둑으로 막아 놓았는데 그 둑들 위에는 높고 낮고 한 검푸른 참버들 나무가 심어진 데가 많고 실개울을 따라 가노라면 군데군데 일부러 만든 봇동(물웅덩이)이 있는데 이 봇동에는 푸른 기름이 철철 흐르는 듯한 장풍(창포)이 옆으로 죽 늘어서 있어서 초여름에는 그 봇동 물면을 불어오는 간드러진 바람이 장풍꽃 냄새를 가끔 싣고 와 선사해주기도 한다./ 이맘때면 갈잎을 따서 피리를 만들어 불곤하는데, 그것을 더욱 흥겹게 도와주기 위하여서인지 아니면 갈새는 갈새들대로 제 흥에 겨워서인지 파란 갈대밭 속 여기저기서 '갈갈갈…' 노래를 불러주는 것이다.[24]

2. 영예와 시련의 소금쟁이

백민은 고향을 그리워하며 창포못의 소금쟁이를 노래하였고 갈대밭의 갈잎피리를 연주하였다. 그의 시심의 고향은 17세에 여읜 어머니이고 그가 불던 갈잎피리는 어머니를 향한 사모곡이다. 그가 시에 입문하던 때에 쓴 초기 시가 소금쟁이이다. 이 시는 신춘문예 당선작이 되어 영예를 안겨주기도 했지만 표절시비에 휘말려 곤경에 처하기도 한다.

> 창포밭 못 가운데/ 소금쟁이는/ 1234567/ 쓰며 노누나//
> 쓰기는 쓰지만도/ 바람이 불어/ 지워지긴 하지만/ 소금쟁이는//

---

23) 백민이 이 시기 각 매체에 발표한 동요 중 확인된 것은 〈어린이〉 31편, 〈별나라〉 19편, 〈동아일보〉 11편, 〈신소년〉 4편, 〈별건곤〉 3편, 〈조선일보〉 2편, 〈신여성〉 2편, 〈아이생활〉 1편 등 73편이다.
24) 「고향과 나」『한정동선집』장영미 엮음, 현대문학, 2009. 428~429

싫다고도 안하고/ 뺑뺑 돌면서/ 1234567/ 쓰며 노누나
소금쟁이 전문 〈동아일보〉 1925. 3.9

이 작품은 이듬해 9월 23일 홍파(虹波)에 의해 표절 시비를 받게 된다. 보통학교 6학년 여름방학 학습장에 있는 일문시와 유사하다는 것이다. 이에 대해 백민은 동아일보 지면을 통해 시의 원작과 함께 창작과정의 일화를 소개하면서 그 유사성에 대해서는 인정한다.

내가 시를 쓰기 시작한 것은 1922년 첫여름 6월이다. 나는 고향을 찾았다. -중략- 마침 그 수문턱에는 소금쟁이 네다섯 놈이 물을 거슬러 올라갔다가 물에 밀려서 내려오고 또 올라갔다 내려오곤 하였다. 숱하게도 재미스러워서 "야 은섭아(여섯살 된 조카) 저 소금쟁이가 무엇하고 있니?"하고 물었더니 그 애는 조금도 주저치 않고 "삼촌 그것 소금쟁이가 글 쓰는 구나!" 하였다. 나는 생각도 못하였던 의외의 대답에 놀랐을 뿐 아니라 꼭 그 때의 실경을 그려서 시 한편을 써 보았다. -중략-

장포밭에/ 소금쟁이/ 글씨글씨/ 쓰며 논다//
글씨글씨/ 쓰지만도/ 물을 너서 지워진다//
지워져도/ 소금쟁이/ 글씨글씨/ 또 써낸다

그 시의 원작은 이러하다. 그런데 나는 어떤 까닭인지 4.4조나 8.8조를 그다지 좋아하지 않은 까닭에 이것을 자기가 좋아하는 7.5조로 고쳤으면 혹 어떨까?'하고 여러번 생각도 하였고, 또 동시에서는 쉽고도 재미로운 것이 좋으려니 하는 생각으로 '글씨글씨' 란 것을 좀더 재미롭게 하기 위하여 숫자 1 2 3 4 5 6 7을 넣은 것이요, 또 지워진다는 말을 형용할 수가 없어서 바람은 불어도 안 오는 것을 억지로 잡아넣었던 것이다. -중략- 나는 보통학교 학습장에서 그런 글을 본 적도 없으려니와 내가 이 동시를 처음 발표한 것이 1923년 12월임에야 어찌합니까.-하략-[25]

---

25) 〈소금쟁이는 번역인가?〉 동아일보, 1926. 10.10

3. 갈대잎과 수양버들

백민의 초기 시에는 그가 나서 자란 강서 초리면 이리섬의 정경이 자주 등장한다. 그 곳은 논벌로 이어져 있는 강성평야이다. 백민은 고향 마을에 대해 다음과 같이 회고한다.

"이 벌의 한자리를 차지하고 있는 이리섬을 별칭 '남포답'이라고 부르며 평양 부자들의 선망의 대상이 되고 있었지만 이 섬은 앞에는 넓은 대동강을 거느리고 삼면은 소룽개(작은 냇가)로 둘러싸여 갈밭과 버들의 푸르름 속에 숨어 자는 듯 아늑한 노을을 머리에 인 만절의 논틀이다."[26]

이렇듯 그의 동시에는 푸른 갈잎(갈대잎)과 수양버들이 주요 소재로 등장한다. 이러한 소재는 시각적 이미지를 자극하는 요소로 작용하고 있다. 갈잎과 버드나무는 그가 나서 자란 이리섬의 상징이요 그의 정서적 고향인 것이다.

>외대박이 두대박이/ 청갈잎 배야//
>새빨간 아이들의/ 꿈을 태우고//
>달아나라 갈잎배야/ 얼른 가거라//
>아이들의 단꿈이/ 깨기나 전에/
>한껏한껏 달아나라/ 어디까지든//
>꿈나라의 복판까지/얼른 가거라
>
>갈잎 배 전문 〈동아일보〉 1925. 3.9

'갈잎배'는 '소금쟁이'와 더불어 신춘문예 당선작이다. '외대박이'와 '두대박이'는 외돛대와 쌍돛대를 뜻한다. 청색의 보색은 적색이다. 아이들을 새빨갛게 표현한 것은 청갈잎과 대비하기 위해서이다. 꿈이 많고, 밝고 예쁜 아이들을 '새빨간 아이들'이라고 표현하였다.

---

[26] 「고향과 나」, 『한국대표수필선』, 성기조 편저, 금자당, 1985

이는 푸른 청갈잎과의 보색효과를 염두에 둔 것이다. 화자는 사랑하는 아이들의 꿈을 태운 청갈잎배가 무사히 달아나기를 기원하고 있다. 백민이 염원하는 꿈나라의 복판은 일제에 강점된 조국의 해방인 것이다.

> 혼자서 놀을라니/ 갑갑하여서/ 갈잎으로 피리를／ 불어보았소//
> 보이얀 하늘가엔/ 종달새들이/ 봄날이 좋아라고/ 노래 불러요//
> 내가 부는 피리는/ 갈잎의 피리/ 어디어디까지나/ 들리울까요//
> 어머님 가신 나라/ 멀고 먼 나라/ 거기까지 들리우면/ 좋을 텐데요
> 갈잎 피리 〈동아일보〉 1925. 4. 9

백민은 어린 시절 혼자 놀기 심심하여 갈잎 피리를 즐겨 불었다. 갈대가 무성한 하늘에는 종달새들이 봄노래를 부른다. 피리를 불던 시절에는 어머니가 생존했지만 시인이 되어서는 어머니가 작고한 후이다. 시인은 서른이 넘은 나이에 '어머님 가신 나라' 까지 들리라고 갈잎 피리를 분다. 갈잎 피리 소리는 작고한 어머니를 그리워하는 애상적인 사모곡이다.

> 못가에 수양버들/ 한가도 하다/ 바람에 흥겨워서/ 흐은작흔작//
> 못가에 수양버들/ 곱기도 하다/ 실실이 늘어져서/ 바안짝 반짝//
> 저편 가지 난 꽃에/ 그네를 메고/ 수양버들과 같이/ 놀고 싶어요
> 수양버들 〈어린이〉 1926. 6

백민의 고향 작은 못가에는 갈대와 함께 수양버드나무가 늘어져 있었다. 바람에 흔들리는 실가지는 봄의 흥취를 더한다. 그는 7.5조의 음율을 좋아하여 동요마다 음수율을 맞추려 노력한다. 고운 수양버들은 곱기도 한 어머니의 자태이다. 시인은 수양버들 고운 가지에 그네를 메어 함께 놀고 싶어한다. 그네를 뛰며 놀던 어린 시절을 추억하는 동요이다.

4. 시각 이미지와 청각이미지의 교합

청산포 어귀/ 살구꽃 복숭아꽃 피는 동리에
오막살이 초가 한 채/ 고향 집이 그리워요/ 참 그리워요.//
서늘한 달밤/ 우거진 갈밭 사이/ 창포 못가에
어미 오리, 새끼 오리/ 머리 머리 마주대고/ 꿈만 꾸지요.//
차알삭 찰삭/ 찰삭이는 물결에/ 반짝이나니
금가룬 듯, 은가룬 듯/ 오리 오리 머리들을 달이 비춰요.//
청산포 어귀/ 메찰벼 고개 숙인/ 황금 벌판에
오막살이 초가 한 채/ 고향 집이 그리워요/ 참 그리워요.
　　　　　고향 생각 〈어린이〉 가을 특별호
　　　　　　　　　1925.10

　청산포는 백민의 고향 마을에서 가까이에 있는 작은 포구이다. 그가 살던 초가 마을에는 살구꽃이 피고, 복숭아꽃도 핀다. 복숭아꽃과 살구꽃은 개나리, 진달래와 더불어 한국의 봄을 대표하는 꽃이다. '복숭아꽃 살구꽃'을 연상하면 동원 이원수의 '고향의 봄'에 나오는 '복숭아꽃 살구꽃'이 떠오르기 십상이다. 동원은 이 작품을 1926년 〈어린이〉지 4월호에 발표한다. 백민이 〈어린이〉지 특별호에 발표한 '고향생각'보다 6개월 뒤의 일이다.
　이 시도 시각적 이미지와 청각적 이미지가 조화를 이루며 그리움을 자아내게 한다. 1,2연은 봄, 3,4연은 가을의 정취이다. 갈대가 자라나는 서늘한 봄밤 갈대밭 사이에 창포꽃이 피어있는 못이 있다. 밤이 되자 달이 뜨고 못에는 어미오리와 새끼 오리들이 머리를 맞대고 고요히 잠들어 있다. 노란 창포꽃 핀 봄밤, 하늘에는 달이 훤히 떠있고, 못에는 오리들이 머리를 맞대고 잠들어 있는 장면은 한폭의 그림을 보는 듯 시각적 이미지가 선명하다. 가을이 되자 논벌은 벼가 익어 황금벌판으로 변한다. 가을 밤 바람이 살랑 불자 연못물은 찰싹거리며 금가루 은가루를 뿌려 놓은 듯 반짝인다. 달은 못에 잠든 오리떼들을 비추고 있다. 가을 달밤, 못물이 찰삭찰삭 소리를 내는 삽화는 청각적 이미지를 생성시키게 한다.

그의 초기 시에 나오는 또 한편의 '복숭아꽃'을 살펴보자.

> 산막집 늦은 볕에 복숭아꽃은/ 쓸쓸한 토방가로 떨어집니다.//
> 가는 봄 긴 하루를 물레질 소리/ 졸음 오게 붕–붕 늙은 할머니//
> 뻐꾹새 외마디로 울고 가니까/ 또 한잎 복숭아가 떨어집니다.
> 산막의 늦봄 〈별나라〉 1928.7

늦은 봄 농촌 산골집의 정경이 떠오르는 이 시 또한 시각 이미지와 청각 이미지가 교합을 이루고 있다. 늙은 할머니 혼자 물레질을 하는 산막집 흙마루(토방)에는 복숭아꽃이 떨어지고 있다. 한폭의 수채화처럼 시각적 이미지가 선명한 장면이다. 할머니는 진종일 붕붕 물레소리를 내고 있고, 뻐꾸기는 뻐꾹 외마디로 울고간다. 외마디 울음에 맞춰 복숭아꽃도 한 잎만 떨어지는 것이다. 물레 소리와 뻐꾸기 울음소리는 청각적 이미지를 자아내게 한다.

5. 국민동요가 된 애절한 사모곡

백민은 그가 열일곱 살 때 여읜 어머니를 그리워하는 애상적인 사모곡을 많이 썼다. 그 대표적인 시가 국민동요가 된 〈따오기〉[27]이다.

---

27) 따오기는 20세기 초반까지만 해도 한국과 중국, 일본에 널리 서식했던 겨울철새이다. 그러나 분별없는 개발과 농약 사용으로 서식지가 파괴되면서 세계적 멸종위기 조류가 됐다. 우리나라에서는 1979년 판문점 부근에서 마지막으로 관찰된 뒤 자취를 감추었다. 중국은 1978년 산시성 양시엔에서 따오기 7마리를 발견하여 복원작업을 시작 1989년에는 인공번식에 성공했다. 천연기념물 제198호인 따오기가 우리나라에 돌아온 것은 2008년 10월이다. 한·중 정상회담이 계기가 되어 중국으로부터 기증 받은 한 쌍이었다. 우포따오기복원센터에서 인공부화에 성공해 개체수가 28(암컷은 16, 수컷 12)마리로 늘었고, 2014년 4월 현재 25개의 알이 부화하여 53마리가 되었다.

그런데 이 시의 원 제목은 "두루미"[28](당옥이)였다. 이 시가 널리 회자될 수 있었던 것은 시각이라는 씨줄과 청각이라는 날줄이 직조해 내는 환상성과 함께 8.5조의 음수율로 되풀이되는 반복어의 유희성 때문이다.

> 보일 듯이 보일 듯이/ 보이지 않는/ 당옥당옥 당옥 소리/ 처량한 소리 떠나가면 가는 곳이 어디이드뇨?/ 내 어머님 가신 나라/ 해 돋는 나라//
> 잡힐 듯이 잡힐 듯이/ 잡히지 않는/ 당옥당옥 당옥 소리/ 구슬픈 소리 날아가면 가는 곳이 어디이드뇨?/ 내 어머님 가신 나라/ 달 돋는 나라
> 약한 듯이 강한 듯이/ 또 연한 듯이/ 당옥당옥 당옥 소리/ 적막한 소리 흘러가면 가는 곳이/ 어디이드뇨?/ 내 어머님 가신 나라/ 별 돋는 나라//
> 나도 나도 소리 소리/ 너 같을진대/ 달나라로 해나라로/ 또 별나라로/ 훨훨 활활 떠다니며/ 꿈에만 보고/ 말 못하던 어머님의/ 귀나 울릴걸
> 두루미 〈어린이〉 1925. 5

'보일 듯이 보일 듯이 보이지 않'고 '잡힐 듯이 잡힐 듯이 잡히지 않는'은 동어 반복으로 애상을 자극하고 시각적 감각을 자극한다. '당옥당옥 당옥 소리'는 '처량한 소리'이고 '구슬픈 소리'이기 때문에 청각을 자극한다. 게다가 동일어 반복으로 애상을 더욱 증폭시켰다. 그 당옥이가 가는 곳은 '내 어머님 가신 나라'인 '해 돋는 나라'이고, '달 돋는 나라'이며 '별돋는 나라'인 것이다.

---

28) 그후(어머니가 세상을 뜬 후) 나는 삼년동안 농사를 짓다가 평양고등보통학교 2학년 보결 시험에 합격했다. 그해 늦가을 어느 토요일에 학비를 얻으려고 집으로 왔다 돌아가는 일요일 오전이었다. 학비라곤 단돈 일원도 못 얻은 채 평양 칠십리 길을 걷지 않으면 안 되었다. -중략- 잔디벌판에 다달았을 무렵 뜻밖에도 나는 따오기 소리를 들었다. 어려서 어머니와 같이 들어본 처량하고 구슬픈 곡조이기에 그 소리는 문득 어머니 생각으로 내 마음을 꽉 채워놓고 말았다. 나는 그 잔디 벌판에 주저앉아 이내 목놓아 울기 시작했다. -중략- 그 날로부터 일주일 이내였다고 기억에 남아있거니와 내 작문 노트에는 '따오기' 노래가 쓰여졌다. 그러니까 내가 스물 하나 때 작품이다. 「따오기」〈사상계〉, 1965. 8월호

> 높은 달아 저 달아/ 기러기도 왔는데/ 새 가을도 왔는데/ 어머니도 안 오니//
> 가을 밤에 귀뚜라미/ 고운 노래 부를 때/ 기럭 함께 오시마/ 약속하신 어머님//
> 밝은 달아 저 달아/ 우리 엄만 왜 안 와/ 앞집 곤네 읍하고/ 정성들여 묻는다
> 달 〈동아일보〉 1925. 3. 9

'달' 또한 동아일보 신춘문예 당선작 중의 한 편이다. 7.7조의 음수율로 어머니를 그리는 사모곡이다. 조동일은 "아동문학이 불우한 어린이들의 슬픔을 함께 울어주고 위로해야 한다는 방정환의 지론을 받아들여 한정동이 어머니 없는 고아의식을 환기시켰다"고 주장한다.[29] 하지만 작고한 어머니를 그리는 애상적인 정서라고 해서 고아의식을 환기시켰다고 한 주장은 지나친 비약이다. 고아의식은 곤궁과 결핍과 슬픔과 동정의 이미지를 수반하므로 애상적 정서와는 격이 다르기 때문이다. 백민의 어머니는 그가 열일곱 되던 해 여름에 작고했다. 시인은 앞집 친구 곤네를 화자로 내세우고 있다. 곤네는 예를 갖춰 읍[30]하고, 기러기와 함께 온다고 약속한 어머니는 가을이 되어 기러기도 왔는데 왜 안 오느냐고 묻는다. 이 시에도 어머니를 사무치게 그리워하는 정서가 가득 배어 있다.

> 집 떠나 십 년 만에/ 물레질 소리/ 부웅붕 지금 듣고/ 나는 울었소!//
> 고향의 초가지붕/ 능짓불 아래/ 주름진 엄마 얼굴/ 눈에 어려서…//
> 지금은 안 계시는/ 어머니기에/ 부웅붕 물레 소리/ 나는 울었소.
> 물레 소리 〈별나라〉 1927. 5

백민의 어머니는 물레질을 했을 것으로 짐작된다. 물레란 솜을 자아서 실을 뽑는 재래식 기구이고, 능짓불은 송진가루로 만든 등잔불이다. 초가집에서 능짓불 아래 주름진 얼굴로 부웅붕 물레질을 하던

---

29) 조동일, 『한국문학통사』 5권, 1989, 539쪽
30) 인사 예법의 하나로 두 손을 맞잡아 얼굴 앞으로 들어올리고 허리를 공손하게 굽혔다가 펴면서 손을 내린다.

어머니는 이 세상에 없다. 화자는 고향을 떠난지 십년 만에 물레질 소리를 들으며 어머니를 그리워하며 운다. 이 동요시 역시 회고적이고 애상적인 정서로 가득차 있다.

오라고 부르지도/ 않았것만은/ 누른 잎 뜰가로/ 다투어든다//
『헐벗은 나무에는/ 저녁 엷은 빛/ 뎅그런 아치 둥지/ 춥지 않을까』//
잊었노라 생각도/ 안 하것만은/ 햇조밥의 땅콩알/ 보기만 하면//
『어머님 계실 때엔/ 골라 스무 알/ 오히려 적을세라/ 좀더 달라늬』
  가을이 되면 -어머님을 생각하며- 〈어린이〉 1930. 9

낙엽지는 가을의 정경이 눈에 선한 동요이다. 가을이 깊어지자 떨어진 누른 낙엽이 뜰가로 모여든다. 해가 뉘엿하자 빈 나뭇가지에 있는 뎅그런 둥지가 춥지 않을까 걱정이다. 헐벗은 나무위에 있는 뎅그른 둥지는 화자인 백민의 자화상이다. 춥지 않을까 걱정하는 마음은 어머니 마음이다. 가을이 되어 햇조밥에 섞인 땅콩알을 보며 어머니를 생각하는 자식의 마음이 간절하다.

6. 일제에 대한 저항 의식

백민은 〈따오기〉를 지을 1914년 평양고보 편입 시험에 합격한 후 일본말을 잘못하여 수업에 지장이 많았다. 마침 일본에 유학한 친구가 〈도오와〉(동요)라는 일본의 아동잡지 한 권을 보내주었다. 그런데 그 책 내용 중 우리 민족을 폄하하는 만화가 실려 있었다. 백민은 울분을 참지 못하고 일본에 대한 저항감을 키우게 되었다.

외어깨로 엿 고리/ 둘러메고서/ 엿사시오 외치는/ 엿장사 영감/
금년은 어디 가고/ 아니 오실까//
앞마당/ 너른 마당/ 널뛰는 마당/ 내년도 널을 뛰는 정월 보름엔/
기어코 또 온다고 약속했건만//
엿장사 영감님은 잊어버렸나/ 아니면 늙어늙어 꼬부라졌나/

오늘도 정월보름 널은 뛰건만

엿장사 영감 〈별나라〉, 1928.3

정월대보름은 설날 못지 않은 우리의 명절이다. 지금은 많이 퇴색되어 가지만 대보름엔 우리의 민속놀이인 널을 뛰고 연을 날렸다. 그 정월 보름이 돌아왔는데, 오겠다고 약속한 엿장수 영감이 오지 않자 화자는 걱정을 한다. 일제 강점기 때 엿장수나 방물장수로 가장하여 전국을 돌며 독립운동을 하던 애국지사들이 적지않았다. 엿장사 영감을 기다리는 화자의 속내는 빼앗긴 조국의 해방을 기다리는 마음이 간절하다.

곱지도 않다는데/ 왜 왔던 말가/ 제 집이 있는데도/ 남의 뜰에를/
소꼽을 놀자고는/ 다 가져가는/ 고놈의 땅딸보는/ 밉상 중 밉상!
땅달보 「문단 데뷔와 작품 활동」, 『한정동선집』 402쪽

백민은 삼숭학교 재직시 위의 시를 지어 학생들에게 가르치다 일경 고등계에 불려간다. 글 중의 '왜'는 왜(倭)로 일본을 지칭한 것이 아니냐? '땅달보'는 키가 작은 왜인을 뜻한 것이 아니냐? '소꼽을 다 가져간다'는 것은 물건들을 빼앗아간다는 뜻이 아니냐며 취조를 받는다. 이에 백민은 "당신은 아동문학을 이해 못하고 있다. 어린이에게는 거짓이나 왜곡은 가르칠 수도 없고 통하지도 않는다. 당신의 말은 억측이니 내 주변을 조사해보고 다시 따져주기를 바란다"고 당당히 맞선다. 다시 조사를 해보니 과연 '땅딸보'라는 별명을 가진 아이가 있고, 그 아이가 장난감을 가끔 가져간 일이 있어 종결되었다. 백민은 이 작품이 실제의 사실을 읊은 것이지만 왜를 풍자했다고 보아도 틀리지 않아 널리 퍼뜨리려 했다[31]고 회고한다.

살진 풀도 싫소 싫소/ 늘 먹는걸요/ 외양간도 싫소 싫소/ 늘 있는데요/

---

31) 〈현대아동문학〉 창간호, 1973

멧부리에 닫고 뛰는/ 굴레벗은 말//

산에 가면 높아 좋다/ 껑충 뛰고요/ 들에 가면 넓어 좋다/ 달아납니다/

멋있게도 뛰며 닫는/ 굴레 벗은 말//

벌거숭이 나도 나도/ 굴레 벗은 말/ 백두 금강 태백 한라/ 모두 내 차지/

거침없이 뛰며 놀을/ 내 땅이라네

굴레 벗은 말 〈어린이〉, 1930.9

'굴레 벗은 말'은 우리민족이 처한 현실을 직시하며 일제에 항거하는 정신이 들어있는 동요이다. 속박된 현실에서 벗어나고 싶은 마음을 굴레 벗은 말에 비유한 것이다. 화자인 자신을 굴레 벗은 말이라고 명시하고 백두 금강 태백 한라 온나라 산천이 우리의 땅임을 천명하고 있다. 이는 한시바삐 강탈당한 국토를 되찾고 독립해야 한다는 의지가 강하게 투영된 작품이다.

Ⅲ. 나오는 말

백민 한정동은 한국 최초의 신춘문예 당선 아동문학가이자 1920년대 한국동요문학의 황금시대를 이끈 트로이카 중에서도 중심리더였다. 그런 그가 문학사적 업적에 비해 크게 조명 받지 못한 이유는 세 가지로 요약할 수 있다.

첫째로 신춘문예 당선작의 한편인 '소금쟁이'에 대한 표절시비로 인한 손상된 이미지 때문이다. 표절시비는 유사성은 있지만 표절이라고만은 볼 수 없다고 당시에 이미 판가름 났고, 여타 많은 작품들이 문학성을 인정받았기 때문에 더 이상 재론하는 것은 무의미하다. 둘째 정형율을 중시한 동요시 창작에만 치중하고 내재율을 중시하는 자유동시에는 상대적으로 취약했다는 점이다. 그의 동요시는 개화기 창가형식에 영향을 받아 7.5조의 동요시가 대부분이다. 셋째 6.25

전쟁 중 남한 정착시 안정되지 못한 생활환경과 고령으로 인하여 창작 여건이 여의치 못했다는 점이다. 그는 57세의 고령에 막내딸만 데리고 월남하느라 미발표된 많은 작품이 유실되었고, 건강도 좋지 못하였다. 북에 두고 온 가족을 생각하며 평생을 외로움 속에 살다간 백민이 사회 활동에 두각을 나타내지 못한 까닭은 겸손한 성격에 과묵하고 목소리도 작아 진취적이지 못해서이다. 월남 후에는 자유동시와 동화(아동소설)도 다수 창작했지만 그 성과는 동요시에 미치지 못하였다.

한정동은 그가 개척한 아동문학적 위상이나 문학적 성과로 보아도 한국 아동문학의 태두로 존경받아야 마땅하다. 그럼에도 불구하고 연배로나 문단 경력으로도 미급한 윤석중, 이원수, 강소천 등의 문단 활약의 위상에 밀려 제대로 평가받지 못하고 있다. 지금부터라도 백민의 문학세계를 바르게 조명하고 그의 위상을 바로 세워 한국아동문학사의 어긋난 질서를 바로 세워야 하겠다.

〈참고문헌〉

성기조 편저, 『한국대표수필선』, 금자당, 1985
장영미 엮음, 『한정동선집』, 현대문학, 2009
조동일, 『한국문학통사』5권, 지식산업사, 1989,
한정동, 『갈잎 피리』, 청우출판, 1958
한정동, 『꿈으로 가는 길』, 문예출판사, 1968
한정동, 『따오기』(박경종 엮음), 서문당, 1986
『사상계』, 1965. 8월호
『아동문학』7집, 배영사, 1963.12
『현대아동문학』창간호, 현대아동문학회, 1973

한정동 작가론과 작품론

한정동 동화론
―동심이라는 근사한 시각으로

안수연
(동화작가·문학박사)

1. 들어가며[1]

한정동은 1894년 동학 농민전쟁과 갑오개혁 시기에 평남 강서군 초리면 이월리에서 4남2녀 중 셋째아들로 태어났다. 호는 성수(星壽), 백민(白民)이다. 그는 19세기 초에 시작된 개항과 1910년 일제의 병합(식민지) 속에서 유년기, 소년기, 청년기를 보냈으며 1950년에는 한국전쟁을 겪었다. 이른 나이에 어머니를 여의었고, 한국전쟁 당시 딸 하나만 데리고 피난길에 올랐으나 고향으로 돌아가지 못했다. 월남 후 신문사 기자, 덕성여고 교장, 아동문학가협회 회장 등을 역임하였다.

평생을 아동문학에 바쳐온 한정동은 1920년대 동요 황금시대에 가장 왕성하게 활동한 한국 아동문학사의 서두를 장식한 인물이다. 1925년《동아일보》신춘문예에「소금쟁이」외 네 편[2]이 당선되었다. 그의 동요는 대표적인〈따오기〉를 비롯하여 어머니를 모티프로 한

---

1) 한정동 생애에 관련된 자료는 작고문인선집『한정동 선집』(장영미 엮음, 현대문학, 2009)을 참조하였고, 인용문은 쪽수로 표기하였다.
2) 한정동은 스물한 살 때부터 동요, 동화를 써보려 하였지만 번번이 실패만하다가 스물세 살에 처음으로 한 작품을 얻었다. 1923년 조선일보 신춘문예에 응모하였다가 낙선, 1925년 동아일보 신춘문예에〈소금쟁이〉,〈달〉,〈갈잎 배〉,〈낙엽〉이 당선되었다. (「내가 걸어온 아동문학 오십년」, 369쪽.)

애상적 정조가 많다.[3] 한정동이 어릴 때부터 시에 유달리 관심을 갖게 된 것은 어머니의 영향이라고 한다. 한정동의 어머니는 정동이 서당에서 돌아오면 그날 배운 것을 되풀이해서 익히게 하였으며, 잠자리 들기 전에 시를 가르쳤다. 또한, 글을 벽에 써 붙이고 뜻을 가르쳐주며 글자 뒤에 숨어 있는 참된 뜻을 강조하였다. 이러한 어머니의 가르침은 훗날 정동이 아동문학을 하는 데 있어 정신적인 밑거름이 되었다.

장영미는 한정동 연구에서 "어머니를 모티프로 하면서 시대의 아픔을 대변하는 애상적 관조로 일관한다.", "동일한 소재, 유사한 제목으로 펼친 시는 형식에 얽매이지 않고 자유롭게 쓰면서 은유, 비유, 상징적 이미지를 중심으로 입체적인 시를 형상화한다."라고 말했다. 하지만 말미에 "동요에 보이는 예술성이 동화나 동극에는 보이지 않는다. 다양한 장르를 넘나들면서 동화와 동극을 창작하지만 작품성이 뛰어나지 못한 것은 그의 작품 세계 전반을 격하시킬 수 있을 것이다."[4]라고 했다.

한정동은 민족이 가장 큰 아픔을 겪은 시기인 일제강점기와 한국전쟁으로 가족의 이별, 시대의 아픈 현실을 음악적이고 율동적인 동요로 표출하며 위로했다. 해방 이후에는 동요보다 동화와 동극에 치중하였다. 동화에는 아이들의 현실에 있을 법한 이야기에 세밀함과 간결함을 더하고 상상력을 첨가했다. 때문에 어린이 독자들에게 주인공의 평이한 일상이 직접적으로 전달된다. 그의 작품 속 동심은 서사를 이끌고, 관계를 확장하고 있으며, 아동문학의 특성인 계몽성으로 현실의 아동에게 스미게 한다. 이는 곧 일제의 핍박과 한국전쟁으

---

[3] 1910년 모친 별세. 한정동은 어린 시절 "어머니가 손수 가려 뽑은 연구(緣句)를 넣어 지은 시를 책으로 만들어서 배우기도 하고 또 서당에서도 배운다. 어머니를 유난히 좋아하던 정동은 어머니께 시를 배우게 되자 시가 좋아져 시를 외우기도하고 스스로 써 보기도 한다"(468쪽.) 1920,30년대 다작을 한 한정동의 창작 동요 세계는 주로 애상적인 정조를 특징으로 한다. 돌아가신 어머니를 그리워하면서 지었다고 〈따오기〉 "사랑의 원천인 어머니가 갑자기 세상을 뜬 사실이 두고 두고 풀길 없는 한을 남겨주었으며, 그 심적 영향으로 어머니에 대한 노래를 읊은(문단 데뷔 작품 활동 중에서)것이다. (472쪽.)

[4] 장영미, 「한정동 연구」, 한국아동문학연구, 91쪽

로 인한 가난한 현실에 조국의 미래는 곧 어린이가 미래라는 사실을 공표한 것이다.

한정동의 동화문학은 동심이 스민 현실이 곧 조국의 희망이었고 이 나라의 미래라는 사실을 내포한다. 동시와 동요를 통해 민족의 애환을 담은 현실이었다면, 동화문학의 세계는 어떠할까? 이러한 의문에서 본 연구는 출발한다. 본고에서는 『한정동 선집』에 수록된 동화 49편를 중심으로 살펴보고자 한다.

2. 동심, 서사를 이끌다

한정동은 아동문학을 쓰게 된 동기에 대하여 "일제(日帝)의 압박이 날로 심해지고 있었는지라 내가 생각하는 심정을 조금이나마 나타내기 위하여는 동화나 동요의 세계가 아니면 도저히 불가능했기 때문이다. (371쪽)"라고 말했다.

해방이후 한국전쟁으로 인해 한국은 가난과 핍박, 혈육의 이별로 인해 불안의 연속이었다. 이러한 이유에도 불구하고 그의 동화문학에서는 당시의 아동이 시대에 핍박받는 모습이 드러나지 않는다. 시대의 아픔을 대변하는 애상적 관조로 일관하지도 않는다. 일상에 스며있는 천진난만한 아이들의 모습에 스며있는 동심이 서사를 이끌어 나간다. 「개미와 나」, 「사과」, 「가죽 장갑」, 「쌍둥이」, 「사랑의 승리」, 「밤인사」, 「소나기」, 「시계」, 「그네」, 「거리의 달구지」, 「만균이와 꾀꼬리」, 「짐승들의 노래」, 「도토리와 재균이」가 대표적이다.

「개미와 나」는 전쟁 중인 현실에서도 아이들의 순수한 마음, 남을 배려하는 마음이 잘 드러난다.

> "내가 이렇게 더우니 개미라고 덥지 않을라구? 그래서 양동이 물에 다 넣어주면서 멱 좀 감으라고 했더니 지금쯤은 아마 헤엄을 치고 있을 게야……"(148쪽)

문섭이와 태섭이는 개미가 더울까봐 걱정하고, 물에 빠질까봐 걱정한다. 둘에게 개미는 자신들처럼 인격체로 등장하여 사건을 만들고, 서사를 이끌어나간다. 그렇기 때문에 문섭이가 "두 발을 싹싹 비비는 개미"의 모습을 "고맙다는 인사"로 해석한 것이다.

개미는 아이들의 동심이 만들어내는 인물이다. 어려운 현실임에도 불구하고 아이들은 낙관하지 않는다. 말미에 "저것 봐 개미나라에서도 전쟁이 났는가봐? 개미병대가 저렇게 많이 가고 있잖아."라는 문섭의 말에 현실은 전쟁 중임을 알 수 있을 뿐이다.

「사과」에서 선길이는 유복자다. 아버지는 해방 두 달을 앞두고 뜻하지 않는 사고로 죽음을 맞이하였다. 선길이는 여덟 살이 될 무렵 사과를 먹고 남은 씨앗을 심었지만, 자라지 못할 거라 생각한다. 근처에 어느 집도 사과나무라고는 찾아볼 수 없기 때문이다. 하지만 문삼이가 사과나무 싹을 발견하게 되고, 어머니의 조언으로 실험실 선생님의 도움을 받게 된다.

"왜정이 바야흐로 망하려 할 무렵"과 "해방을 두 달도 못 되어"(165쪽)라는 시간적 배경은 '사과'를 통해 조선의 미래를 말하고자하는 주제를 내포한다. 이 작품에서 사과나무는 나눔, 희망, 미래의 상징이다. 즉, 사과나무는 이 작품에서 조선의 현실을 극복하고자 하는 의미가 반영된 미래지향적인 서사의 중심이라고 볼 수 있다.

「가죽 장갑」은 명랑하고 정직한 윤탁이의 이야기다. 구멍 난 장갑을 꿰어 눈싸움을 하던 윤탁이는 친구들과 지나가는 소녀를 향해 눈덩이를 던진다. 소녀는 눈을 맞고 코피를 흘린다.

'어떡하나……'
"무슨 생각할 겨를도 없이 윤탁이는 그 소녀 앞으로 달려갔습니다. 다른 아이들은 제각기 뿔뿔이 도망갔습니다."(169쪽)

인용문에서 알 수 있듯이, 윤탁이는 다른 친구들과는 달리 도망가지 않고 소녀에게 다가갔다. 이 행동은 나중에 둘의 관계의 시발점이 된다. 소녀가 윤탁이에게 관심을 가지고 '가죽장갑'을 선물하게 되는 계기가 되기 때문이다. 이처럼 윤탁이의 동심은 정직하고 순수한 「가죽장갑」의 서사를 이끄는 역할을 한다.

「밤 인사」와 「소나기」, 「그네」는 동심과 작가의 동화적 상상력이 빚는 효과를 보여준다. 「밤 인사」는 달을 중심으로 할아버지 할머니, 아버지 어머니, 아이들, 강아지, 병아리, 그리고 송아지까지 밤 인사를 주고받는 형식으로 진행된다. "할아버지 안녕히 주무십시오. 할머니 안녕히 주무십시오"(189쪽)라는 인사를 하고 잠자리에 든 재균이와 만균이가 들창문으로 달에게도 밤 인사를 한다. 그러면 달도 아이들에게 답례의 인사를 한다. 아이들이 잠든 후에는 툇마루 위 나무함 속에 있는 강아지 똘똘이가 엄마 개 매리에게 인사를 하고, 달에게도 인사를 한다. 달의 답례를 받은 매리와 똘똘이가 잠든다. 마지막으로 달은 닭장 속의 병아리와 노랑이, 외양간의 송아지와 밤 인사를 나눈 후 잠이 든다.

「소나기」역시 '동심'과 '말'을 중심으로 진행된다. 바람은 서학산에게 귓속말로 "이제부터 조금만 있으면 소나기가 내릴 것이다."하고 이야기해준다. 이 말을 들은 포플러도 참새한테 귓속말로 "이제로부터 조금만 있으면 소나기가 내릴 것이다." 하고 전달한다. 이러한 방식으로 참새, 피라미, 강가, 참외넝쿨을 거쳐 만균이에게까지 소식이 들어간다. 집으로 돌아온 만균이는 어머니에게 이를 전한다. 어머니가 얼른 빨래를 걷자 소나기가 쏟아진다.

「그네」는 할아버지가 만들어준 그네를 타는 재균이와 만균이의 동심에서 시작된다. 아이들이 즐거워하는 모습을 내려보던 해는 자랑스럽기도 하고 재밌어서 웃으며 지켜본다. 바람도 지나가다 부채질을 해준다. 신나게 놀던 재균이와 만균이가 잠이 들고 집으로 돌아오던 매리(개이름)도 두 아이를 보호할 겸 옆에 앉았다가 잠이 든다. 마지막으로 그네와 해도 잠이 든다.

> "흠-!그네는 흐늘흐늘 왔다 가다 멋지게 놀고 있고."
> "흠-!해님은 둥글둥글 히죽 버룩 웃으며 보고 있고."
> "흠-!바람은 살갑게 살랑살랑 부채질을 하면서 놀고 있고."
> "흠-!재균이는 씩씩 쿨쿨 달게 자면서도 놀고 있고."
> "흠-!만균이는 씩씩 쿨쿨 달게 자면서도 놀고 있고."(229쪽)

위 동화들은 '나'로부터 시작된 동심이 다양한 인물로 확장되고 작품의 주제로 이어진다. 아이들의 순수한 동심의 시선으로 나타난 세상은 따뜻하고 밝은 모습이다. 이는 가난하고 핍박받는 현실과 대조된다. 이렇듯 모든 작품은 작가의 상상력에 아이들의 순수한 동심이 어우러진다. 즉, 절망적인 현실 속 아이들의 순수함을 통해 암묵적으로 희망적인 미래를 암시한 것이다.

한정동은 동요의 시적 가치에서 아래와 같이 말했다.

> "위에서도 누차 말했듯이 나는 동심을 무엇보다 존중하여 마지않기에 동요의 가치는 곧 예술적 최고 수준이라고 말하기를 주저치 않다. 따라서 "동요를 쓰는 의의는 아동들에게 주기 위한 것이기에 첫째도 동심으로 둘째도 동심으로 써야만 순진한 동요가 이루어질 것은 물론이요 예술적 가치가 뚜렷하게 나타나리라고 확언한다."(383쪽)

한정동의 동화역시 '동심'이었다. 즉, 일상생활에 스며있는 동심과 한정동의 동화적 상상력이 맞물려 핵심주제가 만들어진 것이다. 이러한 일상생활 속 동심은 작품 속 아동과 현실의 아동의 격차를 줄여 독자가 이성적으로 생각하고 판단할 수 있는 힘을 실어준다.

3. 일상생활, 관계를 확장하다

아동기는 '나'에서 '너' 그리고 '우리' 라는 개념이 습득되는 시기이다. 즉, 타인의 입장을 자각하는 시기인 것이다. 이 시기에는 자신을 둘러싼 타인을 모방하거나, 타인의 행동이 어떠한 일의 동기에 반영된다. 옳고 그름의 가치관 또한 생성된다. 이러한 인과관계가 반복되면서 공동체 의식이 자연스레 스민다. 공동체 의식은 어려운 이 나라의 현실에서는 작지만 미래의 큰 힘이다. 일제의 식민통치 속에서도, 한국전쟁의 참상을 겪으면서도, 국권회복에 희망을 잃지 않았던 이유가 바로 여기에 있다.

한정동 동화는 평이하다. 일상생활 속 아이가 전부다. 흔히 아동문학에서 볼 수 있는 모험(탐정)이나 환상동화가 아니다. 아이가 일상생활에서 맺는 영역이 타인과의 관계로 확장되며 서사가 진행되는 생활동화다. 여기서 말하는 타인은 사람만을 뜻하지 않는다. 가축을 비롯하여, 새, 동물, 바람, 나무, 꽃과 생명이 없는 사물 등 '나'와 관계 맺고 있는 모든 것이 해당된다. 작품에 등장하는 아이들은 자신을 존중하듯 타인을 존중한다. 이러한 존중이 관계의 시작이다.

「사랑의 승리」를 살펴보자. 숙이의 옆집은 꽃이 많기로 유명하다. 하지만 부득이한 사정으로 옆집에 사는 할아버지와 할머니는 이사를 가게 되고, 그 집에는 젊은 여인이 이사를 온다. 젊은 여인은 한 번도 밖을 나오지 않았고, 꽃들은 자연스레 시들해져갔다. 가을 날, 숙이는 주인에게 편지를 쓴다. 숙이의 편지를 받은 젊은 여인은 정원(세상)으로 나온다.

"숙이의 고마운 덕택으로 우리 꽃밭의 꽃들은 다시 살아났구만그래. 아니 꽃만이 아니라 내 몸도 그리고 내 마음속의 꽃도 숙이 때문에 다시 살아났지 뭐…… 나는 지난 6·25동란에 남편이 미아리고개에서 싸우다 죽고 한낱 혈육으로 어린 딸 봉순이를 딸 겸 남편 겸 길러 오다가 작년에 고것마저 유행성 감기로 죽고 말았기 때문에 세상에 아무런 일도 할 기운이 없어지기도 했고 재난이 거듭되는 집에 있기가 싫어서 어디 조용하고 아늑한 데서 살아볼까 하여 이 집을 사가지고 이사를 온 것이란다…… 그래도 오히려 내 마음은 침울하였는데 그때 네 편지를 보고 참말 놀랐단다. 이제부터는 네가 내 동무요 딸이요 꽃이요 내 마음의 양식이니 다시금 의미 있는 세상을 살아보련다. 그야말로 슬픔에서 이기는 사람이라야 산 보람이 있을 것이 아니니? 이것이 모두 숙이 네 덕이 아니고 무엇이겠니…….''(184-185쪽)

집주인은 6·25 동란에서 남편을 잃고, 딸마저 유행성 감기로 잃었다. 꽃을 사랑하는 숙이의 마음이 '편지'라는 매개로 드러냄으로써, 타인의 의식에 변화를 가져왔다. 삶의 의욕을 잃은 주인에게 숙이는 "동무요 딸이요 꽃이요 마음의 양식"이 되었고, "다시금 의미 있는 세상을 살아보려"는 생명의 끈이 되었다. 니체가 "나는 그대들에게 이웃이 아니라 벗을 가지도록 가르친다. 벗은 그대들에게 이 대지 위에서의 축제요, 다가올 초인에 대한 예감이어야 한다."[5]라고 말한 이유도 여기에 내재한다.

「손자와 할아버지」에서도 마찬가지이다. 할머니가 자연스레 들려주는 이야기 속에서 손자에 대한 할아버지의 깊은 사랑이 드러난다.

이야기 속 할아버지는 화단을 손질할 때 어린이가 옆에 오면 "여기에 꽃들이 피면 더 곱겠지?"라고 말한다. 어린이는 머리를 끄덕인다. 그리곤 할아버지가 "그러니까 꽃을 꺾으면 할아버지가 '이놈'하고 꾸중할 거야!"라고 말하고, 어린이는 또 고개를 끄덕였다. 그러던 중 고모가 친구들을 데리고 와서 화단의 꽃을 구경하자 이를 본 어린이는 뒤를 따라다니면서 "꽃을 꺾으면 할아버지가 '이놈!' 해요"(298쪽)라고 했다. 말미에 할머니는 이야기를 마치며 "자! 그렇게도 예쁘고 착하고 얌전한 그 어린이는 누구일까?"라고 말한다.

'그 어린이'는 재균이다. 화단의 꽃이 꺾일까봐 염려하는 할아버지의 마음이 손자를 사랑하는 마음과 동일시됨을 예측할 수 있다. '할아버지'와 '꽃'의 관계는 '나'와 '꽃'으로 관계로 확장되는 것이다.

「나와 토끼 사냥」은 갑식이의 순수한 동심이 새끼에게 젖을 먹이는 어미 토끼를 구하고, 삼만이의 잘못된 마음을 뉘우치게 하는 내

---

5) 프리드리히 니체, 『차라투스트라는 이렇게 말했다』, 민음사, 2004, 105쪽.

용이다. 갑식이는 토끼잡이의 명인인 아빠와 동장 그리고 아빠 친구들과 함께 교장 선생님을 모시고 토끼잡이를 나간다. 산 동편 나무가 많은 곳에서 새끼에게 젖을 먹이고 있는 어미 토끼를 발견하고 살려 보내지만, 어른들의 거물에 걸리고 만다. 갑식이는 "아빠! 그놈은 엄마 토끼야요. 얼른 놓아주세요."(289쪽) 하고 간청한다. 학생들과 어른들이 어미 토끼를 놓아주자, 설레발이와 삼만이는 울면서 다음과 같이 말한다.

"선생님! 저는 갑식이한테 미안하기도 한 데다 그 마음씨에 감동이 돼서요."(290쪽)

동화의 결말이다. 갑식이가 토끼 구멍을 막고 있었던 이유가 생명을 지켜주기 위해서라는 것을 삼만이 알게 된 것이다. 갑식이의 동심은 생명의 소중함과 잘못된 삼만이의 언행과 행동을 뉘우치게 했다. 갑식이는 어미 토끼 혹은 삼만이에게 니체가 말한 것처럼 "이 대지 위에서의 축제요, 다가올 초인에 대한 예감"[6]이다. 초인은 대단한 것이 아닌 평화로운 일상의 자연을 소중히 여기는 마음이다.

동화 「봄의 선물」은 이러한 초인의 마음을 직접적으로 드러낸다. 이른 봄 재균이는 실수로 밟은 꽃나무를 일으켜주면서 마음속으로 사과를 하고 이후 가끔 물을 뿌려줬다. 꽃이 필 무렵, 재균이가 독감에 걸리게 되고, 꽃들은 새끼바람으로부터 이 소식을 듣는다. 꽃들은 "요새 감기는 참말 독하다니까 말이야. 그럼 재균이 독감이 얼른 나으라는 진정에서 우리 다 같이 위문을 가기로 하자."(257쪽)고 말한다. 재균이와 꽃들의 관계는 서로가 봄의 선물이다.

한정동의 동화들은 비슷한 제재를 지니고 있다. 등장인물의 구조 역시 나->너, 사물->자연으로 확장되는 형식으로 유사하다. 그러나 작품마다 사물과 자연이 다르고, 전달 내용과 방식이 다르다는 차이

---

6) 위의 책, 재인용.

가 있다.

작품 속 아이들은 자기중심적인 사고에서 탈피하여, 타인과의 관계를 확장한다. 관계의 확장은 성인의 길목에 선 청소년기의 든든한 뿌리가 된다. 한정동의 동화는 동요 동시와 달리 애상적 어조로 시대상을 직접적으로 반영하기보다는, 아동들의 일상생활에서 자연과 더불어 '함께' 하는 모습을 보여준다.

4. 동화, 도덕교육관을 배양하다

아동문학은 태생적으로 교육성과 계몽성을 지닐 수밖에 없다. 아동이기 때문에 문학의 교육은 필요하다. 여기서 교육성이란 "문학이 지니는 교육성 혹은 교육적 가치는 인간 교육 혹은 넓은 범위의 교육을 말하는 것"[7]이지 어떤 학교 과목이나 시기적 지역적으로 한때 실시되는 교육의 구체적 내용을 기계적으로 전달 주입 시키는 것과는 다르며, 작가의 인생관에서 빚어진 숭고한 열매를 감동을 통해서 전하는 것이라고 말할 때의 간접적인 교육성이다.[8]

동화는 아동 현실의 축소형이고, 삶의 간접 체험장이다. 특히 아동문학은 자라나는 아이들의 인성에 막대한 영향을 미친다. 한정동의 작품은 아이들의 일상이 시간적·공간적 배경이다. 아이들이 생활하는 집과 마을에서 어른에 대한 예의, 형제간의 우애, 친구간의 신의 등 타인에 대한 배려를 소재로 한다.

「영삼의 첫 심부름」은 할아버지께 편지로 안부 인사를 전하는 아버지의 모습을 보고, 함께 생활하지는 않지만 어른을 공경하는 모습을 몸소 배운다. 또한 아버지와 함께 편지를 붙이는 과정에서 타인과의 의사를 주고받는 방법을 배우며 우편배달부에게 감사한 마음을 갖는다.

가정은 사회의 첫 출발점이다. 가정에서의 교육은 학교나 공공기

---

7) 이원수, 『아동문학의 입문』, 웅진출판, 1984, 164쪽.
8) 안수연, 「원유순의 동화문학」, 단국대학교 대학원, 박사학위논문, 2017, 105-106쪽.

관에 의한 인위적인 습득이 아니라 생활을 통해서 스며드는 교육이다. 이는 성인으로 자라는 아동에게 올바른 인성을 갖게 한다. 가치관이 형성되기 이전에는 더욱 그러하다.

「발」에서 명국이는 실수로 창수의 발을 밟게 된다. 창수는 명국이의 실수에 "급하면 남의 발을 밟으라고 누가 그러던"(135쪽)하고 창피를 준다. 그날 밤 창수의 집 빈대는 회의를 하여 창수를 벌한다. 창수는 잠꼬대를 하며 명국이에게 미안한 마음을 갖는다.

한정동은 창수의 잘못을 빈대를 등장시켜 뉘우치게 하였다. 밤새 빈대는 온 힘을 다하여 피를 빨았다. 창수는 자면서 발바닥을 긁다가 문득 명국이 발을 생각하고 혼잣말을 한다.

> "명국아 오늘은 내가 잘못했다. 다시는 그따위 짓을 안 할 터이니 용서해라!"(137쪽)

이처럼 한정동은 주인공의 잘못을 직접적으로 야단하지 않고 다양한 등장인물을 통해 성찰하도록 한다.

「강군과 원군」에서 강아지군과 원숭이군은 의좋은 사이다. 둘은 꿀이 있는 나무를 찾지 못하자, 각자 찾아 나선다. 꿀을 먼저 찾았던 원숭이군은 벌떼와 어미 곰의 공격으로 도망을 간다. 강아지군도 꿀나무를 찾았지만, 벌떼의 공격으로부터 도망치던 중 새끼 곰의 비명소리를 듣게 된다. 겁이 났지만 큰 고함을 치니 벌떼가 승냥이에게로 달려든다. 그 무렵 어미 곰이 돌아와, 새끼 곰을 지켜 준 감사의 뜻으로 꿀을 준다. 집으로 돌아와 강군과 원군은 사이좋게 나눠 먹는다. 「강군과 원군」은 친구 사이의 우정을 그린 동화이다. 먹을 것이 부족한 시대에 누군가를 도와주고 받은 꿀을 친구와 나눠 먹는 도덕적인 관계를 아이들과 친밀한 강아지와 원숭이 사이를 빗대어 표현하였다.

「눈물 어린 노래」의 주인공 매리는 불쌍한 고아다. 어릴 적 소나무 아래 버려진 매리를 거지인 땅서방이 길러주었다. 남들은 거지로부터 도망가라 하지만, 매리는 자기를 길러 준 은혜를 생각해 그러지 않는다. 매리는 평소 땅서방에게 거지가 글을 알아 뭐하냐는 꾸짖음을 들으면서도 움막 속에서 낡은 책을 뒤적이며 글을 익히려 애쓴다.

  땅서방이 몸이 안 좋아 매리가 혼자 구걸을 해야 한 날이었다. 빈손으로 돌아오자 땅서방은 호되게 야단을 쳤다. 매리는 울며불며 사죄를 하고 이튿날 저녁에는 노래를 하여 돈과 음식을 얻어와 칭찬을 받는다. 계속 노래를 불러 돈을 벌던 어느 날 매리는 움막집이 불타고 있는 걸 발견했고, 불길 속에서 땅서방을 무사히 구원하지만 자신은 크게 상처를 입고 입원을 한다. 땅서방은 참된 마음을 깨닫고 잘못을 뉘우친다.

    "오-매리야! 얼른 나아라. 네가 낫기만 하면 우리 둘이 힘을 다하여
    너의 아버지 어머니를 기어코 찾아내도록 하자……!"(157쪽)

  가난과 빈곤에 시달리지만 주인공 매리는 좌절하지 않는다. 남한테 비굴하게 굴지도 않고 틈틈이 글을 익혀 배움의 길을 놓지도 않는다. 자신의 처지를 탓하지 않고 꾸준히 노력하는 매리의 올곧은 성품은 당시 일제 강점기와 한국전쟁으로 가난에 허덕이던 어린이들에게 울림이 되었을 것이다.

  공자는 "사회가 혼란스러워진 근본적인 원인 중 하나가 인간의 도덕적 타락에 있다"하였다. 그리고 "올바른 사회를 이룩하기 위해서는 '진정한 인간다움'을 의미하는 '인(仁)'을 회복하는 것이 무엇보다 중요하다"[9]고 보았다.

  「눈 오는 날」은 하늘에서 내리는 눈을 보며 재균이가 "엄마, 눈들이 왜 말이 없나요?"라고 물으며 이야기가 시작된다. 소복 쌓였다가 녹는 눈에게 생명을 부여하는 동심은 눈처럼 새하얗고 맑다. 질문에

---

9) http://blog.daum.net/maru5811/16340666 참조하였다.

엄마는 말한다.

"산도 벌판도 나무도 집도 모두 새하얗고 깨끗해진 것은 말이야! 그것이 글쎄 하늘에 있던 눈들이 많이 내려와서 쌓였기 때문인데 쌓인 그 눈 하나하나가 모두 의가 좋고 서로 사랑하기 때문에 싸우는 일은 물론 없고 서로 껴안고 있으니까 말이 없이 조용한 거란다."(250쪽)

재균의 질문에 엄마의 대답은 지혜롭다. 대답을 들은 재균이와 만균이는 서로 속살거리다가 눈이 스르르 감긴다. 아이들의 속살거리는 행동은 부모에게 겨울에 내리는 눈처럼 평화롭다.

「빈대떡과 삼형제」는 한가위 전날 음식을 보고 조급해 하는 삼형제에게 어머니가 훈계하는 내용이다. 집 형편이 가난하기는 하지만 명절을 그냥 보낼 수 없는 어머니가 빈대떡이나 먹여야겠다고 준비를 한다. 삼형제는 더디게 구워지는 빈대떡에 조급해 한다. 어머니가 삼형제에게 몇 번의 주의를 주었음에도 첫째와 둘째는 익지도 않은 뜨거운 빈대떡을 먹는다. 하지만 비리고 뜨거워 뱉고 던져버리고 만다. 잘 익은 빈대떡은 막내에게 주며 어머니는 아래와 같이 말한다.

"자! 봐라. 무엇이든 다 그런 것이란다. 빈대떡도 잘 익을 때까지 꾸준히 기다려야만 빈대떡도 점잖게 먹게도 맛도 더 좋도록 만들어준다고 알아야 한단 말이다. 그리고 무엇에나 성급히 서두르면 일을 망치기가 쉽고 골을 잘 내도 그렇고 참고 견디고 기다리는 사람에게만 복은 오는 법임을 잘 깨달아야 한다."(286쪽)

「흰배트」의 문식이는 마포구 운동구 상점에서 마음에 드는 배트를 발견한다. 하지만 가지고 온 돈이 없어 주인장에게 꼭 사러 올 테니 보관해 달라고 부탁한다. 어머니에게서 돈을 받았지만, 밤이 늦어 다음날 찾아간다. 하지만 또래 소년이 사간 후였고, 그 소년은 상대방 선수였다. 시합 당일, 문식이는 1대0으로 지고 있는 상황에서 원 스트라이크, 투 볼 후 직통으로 오는 볼을 힘껏 졌지만, 배트가 부러지고 말았다.

그때, 상대 팀 서드 맨 소년이 손을 들고 심판의 허락을 얻어 "이 배트가 네게 맞을 것 같으니까 이것으로 쳐보는 것이 어떠냐?"라고 하며 문식에게 흰 배트를 내민다. 문식은 소년의 얼굴에 "참말 써주면 감사하겠다고 씌어져 있는 것" 같다고 생각하고 "공연히 자기만이 너무 지나치게 인연을 붙이고 있었기 때문에 중요한 시합을 거의 망치게 만든 것"을 깨닫는다.(319쪽)문식은 고맙다고 하지만 호의는 거절한다. 정신을 회복한 후, 문신은 훌륭한 안타를 쳐 승리의 주역이 된다.

다음날, 셔드맨 소년이 배트와 편지 주고 갔다. "이 배트를 보내준 동무가 글쎄 요전에 우리와 우승을 겨루던 팀의 서드맨이었지요. 그런데 그 동무는 내게 무척 호감을 가지고 있을 뿐 아니라 자기가 둘도 없이 사랑하는 배트를 보내주며 장래까지 축복을 해왔으니 감격에 넘쳐요!"(321쪽) 라는 내용이었다. 편지의 내용은 셔드맨의 배려와 선한 영향력으로 인해 주인공 문식이와 셔드맨이 우정을 다져나갈 것을 암시한다.

「천리마와 낙타」는 욕심, 욕구를 자제할 수 있는 힘을 길러주는 내용이다. 천리마 청룡은 명마라는 칭찬이 자자하지만 현재의 모습에 만족하지 않는다. 욕심을 자제하지 못한 청룡의 자만감은 오히려 자신 본연의 모습까지 잃게 만들었다. 「어부 할아버지」는 어려움에 처했을 때 지혜를, 「영옥과 인형」은 형제간의 우애와 나눔의 행복 그리고 칭찬의 중요성을 이야기 한다. 「학수와 철수」에서는 아이들의 순순한 동심으로 벽을 허물고 이웃과 정을 나누는 모습을 이야기 한다.

사람은 조직화된 집단과 어우러져 살고자하는 사회적인 습성을 지닌 동물이다. 서로 규칙과 경쟁을 통해 도움을 주고받으며 성장하고 발전한다. 이 과정에서 도덕적인 윤리관은 필요조건이다.

특히, 아동은 도덕적인 행위의 옳고 그름이나 좋고 나쁨에 대하여 판단이 어렵다. 그렇기 때문에 나와 타인의 일상에서 또는 한 편의 동화와 들려주는 이야기에서 습득하는 것이 중요하다. 가족과 이웃에게서 자연스레 내재되고 형성되는 도덕은 바른 사회생활의 기조를 다진다.

5. 나가며 : 동심, 융화의 장

한정동의 동화는 아이들의 일상생활이 배경이고, 소재이고, 주제다. 그러므로 '한정동의 동화'는 곧 '동심'이다. 동심은 서사를 이끌고, 타인과의 관계를 확장하고, 어른들에 대한 예의와 형제간의 우정 등 윤리적 교육관에 스며있다.

마지막으로 「웃기는 말」과 「오르간 소리」를 살펴보자.

「웃기는 말」에서는 조선을 침략하는 일본에 대한 적개심과 나라에 대한 국민의 충성심이 직접적으로 드러난다. 이순신장군의 동상을 싣고 가는 말은 사람들이 인사를 하자, 자신에게 인사를 하는 것으로 착각을 한다. 이를 지켜보던 소는 비웃는다.

> 말의 등에는 구국성장(救國聖裝) 이순신 장군의 동상이 거룩하게 실려 있는 것이었습니다. 그래서 소는 동리가 떠나라는 듯 커다란 목소리를 내어 웃었습니다.(146쪽)

'말'은 '일본인'을 의미한다. '동리가 떠나라는 듯 커다란 목소리'는 '일본을 향한 조선인들의 마음'을 상징한다. 한정동 나름의 방식으로 일본에게 저항하고 있는 것이다.

「오르간 소리」는 어린이날 노랫소리를 중심으로 펼쳐진다. 맑고 고요한 밤, 어디선가 오르간 소리가 들려온다. 떡갈나무 잎 속에 몸을 숨기고 앉은 부엉이 아저씨도 전에 들어보지 못한 음악이고 노래였다. 마침 지나가는 새끼바람에게 "이리로 앉아서 저 소리를 좀 들어보게. 참으로 아름다운 노래일게. 그렇기도 하지만 저 오르간은 누가 타는 것인지? 알 수가 없네그려!"(304쪽) 라고 말한다. 새끼바람은 부엉이 아저씨의 말을 듣고 노래 소리를 찾으러 다녀온다. 한참 후 돌아온 새끼바람이 노래 소리의 주인공은 "어린이날!"이라고 말한다.

> "하하……아저씨는 그것도 모르세요? 오월 오일은 천하가 다 아는 데요. 그러니까 그 어린이날 부를 노래와 음악을 연습하는 것이니까 '어린이 날'이 타는 것이나 마찬가지라고 해도 좋을 것이 아닙니까.(306쪽)

오르간 소리는 어린이날 부를 노래와 음악을 연습하는 소리다. 어린이날은 어린이들 세상이다. 작가는 동화적 상상력으로 어린이날을 모르는 늦은 밤의 부엉이에게, 바람에게, 개구리에게도 전달함으로서 '천하'가 다 아는 날이 되도록 한다. 때문에 "오르간 소리(어린이날)는 아직도 고요하게 들려오고 있는 것"(307쪽)이다. 「오르간 소리」는 한정동이 '동심으로 돌아가라'고 권고한 이유가 잘 드러나는 동화다.

한정동은 《아동문학 1호- 동요에 있어서의 동심의 문제》에서 다음과 같이 말했다.

> "동심으로 돌아가는 가라는 본심은 어린이의 아직 개지 않은 무지마저 본받으라는 것은 절대 아니다. 순진무구한 그 경지 안까지의 동심을 철저히 본떠 키우라는 그 말이다. 그것은 그래야만 드디어 나를 잊어버리고 그 황홀 찬란한 지경에 이르게 하는 동시에 참으로 동심과 자연이 혼연일치 서로서로 융화하게 될 수 가 있겠으니까 말이다."(381쪽)

그의 동화는 동심과 자연이 혼연일치가 되는 융화의 장이다. 동화가 내포하는 '아동'은 세상이고, 새로운 출발이다. '동심'으로부터 출발하는 행동은 아동의 일상생활에서 타인에 대한 배려로 스며든다. 즉, 도덕적이고 윤리적인 교육관의 기반은 '동심으로부터 출발하는 근사한 태도'인 것이다.

근현대사의 산증인 한정동의 동화문학은 선동적이고 고발적이지가 않다. 형식에 얽매이지 않은 현실 속 아동의 순수한 모습은 독자들에게 사실적으로 읽힌다. 그의 동요와 달리 시대상의 반영과 어머니를 여읜 의식 또한 없다. 천진난만한 아이들의 순수성이 전부다. 동화에는 "사람답게 사는 삶은 타자에 눈뜨고 거듭 깨어나는 삶"임이 드러나고, "타자의 이야기가 내 이야기가 되는 순간, 타자는 더 이상 타자가 아니며, '우리'라는 신기한 집합에 탄생한다."[10]라는 공동체의식 또한 드러난다. 즉, '나'와 '타자'는 동격이며, 사회라는 집합체는 국가로 이어진다. 일제강점기와 한국전쟁으로 인해 피폐된 국가의 희망은 결국 '아동'이었다는 진리를 내포한다. 한정동이 한국 창작 동요사의 서두를 장식하였듯이 동화사에서도 한국아동문학인으로서 재평가되기를 바란다.

---

10) 레비나스의 타자윤리는 타인에 대한 사랑과 희생이 그 어떤 철학적 사유보다도 앞선 인간의 가치라는 것을 주장한다. 윤대선, 『레비나스의 타자철학』, 문예출판사, 2009, 27쪽.

안수연(安秀連)
동화작가·문학박사·스토리텔링 연구자. 아동문학평론 동화부문 「무지개 구슬」신인상. 제5회「괴물 난동 사건의 진실」로 웅진문학상 단편 동화부문 우수상 수상. 수상 작품집「모험을 끝내는 법」,「괴물 난동사건의 진실」(The Truth Behind the Revolt of the Monsters[영역]). 2017 한국출판문화산업진흥원 '2017 우수출판콘텐츠 제작지원 사업'에 『마음나라 외계인』이 선정 출간. 2019년 애니메이션 영화 초기 기획지원사업(영진위) 『괴물난동사건의 진실』선정. 「꼬마정령과 외뿔이」,「보글보글 뚝배기」,「우리딸 도담도담」외 많은 동화를 발표하였다.「원유순 동화문학 연구」,「'오세암' 서사의 스토리텔링연구」,「엄마 까투리 서사를 활용한 지역 문화 시대의 아동문학 연구」,「'탈북' 소재 동화연구」외 스토리텔링 연구자로 활동하고 있다.

제3부

한정동아동문학상 역대 수상자 대표 작품

편집자 주 이 책에 수록된 한정동아동문학상 역대 수상 작가들은 작품 재수록을 동의하였으며, 역대 수상자 중 작고 아동문학가의 대표 작품은 편집위원회에서 선정하여 수록하였습니다. 다만 일부 수상자는 연락 두절 및 작품 송고를 해 오지 않아 저작권 관련 규정에 의해 부득이 작품이 게재되지 않았음을 밝혀 둡니다.

제1회(1969) 박경종

초록 바다

박경종

초록빛
바닷물에
두 손을 담그면

파란
하늘빛
물이 들지요

초록빛
예쁜
손이 되지요

초록빛
여울물에
두 발을 담그면

물결이
살랑살랑
어루만져요

우리 순이
손처럼
간지럼 줘요

박경종(1916~2006)
호 내양(來陽) 함경남도 홍원 출생. 1933년〈조선중앙일보〉신춘문예에 동요「왜가리」입선. 한글글짓기지도회 회장, 문인협회 아동문학분과 회장, 한국아동문학가협회회장 한정동아동문학상, 이주홍아동문학상, 펜문학상, 대한민국문학상, 은관문화훈장,「꽃밭」,「초록바다」,「고요한 한낮」,「낡은 고무신 한 짝」, 동화집「노래하는 꽃」,「둘이서만 아는 비밀」등

제1회(1969) 박경종

푸르다

박경종

푸른 푸른 푸른 산은
아름답고나.

푸른 산 허리에는
구름도 많다.

토끼구름 나비구름
짝을 지어서

딸랑딸랑 구름 마차
끌고 갑니다.

푸른 푸른 푸른 산은
아름답고나.

푸른 그늘 밑은
서늘도 하다.

어깨동무 내 동무들
짝을 지어서

맴매애 매미 소리
찾아갑니다.

제2회(1970) 이석현

우리 엄마

이석현

파랑별 따다가
호롱불 켜고

장미 포기 모아서
꽃방석 깔고

은행잎 가랑잎의
이불 기워서

우리 엄마 편안히
쉬게 했으면….

이석현(1925~2009)
호는 현석(玄石) 함경북도 회령 출생. 강계사범학교 졸업후
강계 이서초등학교 교사로 있다 월남 〈매일신보〉, 〈가톨릭시보〉 기자 〈소년〉 주간
한정동아동문학상, 새싹문학상, 허균문학상, 중앙예술문화대상,
동요시집『어머니』, 동화시집『메아리의 집』, 동시집『웃음동산의 동물들』, 동화집『성큼성
큼』, 동극집『카톨릭극집』등

제2회(1970) 이석현

어머니

이석현

봄, 여름내
가지 끝에 대롱대롱
햇빛이 엉기어 홍시가 되었다.

이슬
꽃 냄새
새 소리 마시고,

포동포동 살찐
홍시는
아기 얼굴 같다.
시집갈 누나 얼굴 같다.

제3회(1971) 어효선

과꽃

어효선

올해도 과꽃이 피었습니다
꽃밭 가득 예쁘게 피었습니다
누나는 과꽃을 좋아했지요
꽃이 피면 꽃밭에서 아주 살았죠

과꽃 예쁜 꽃을 들여다보면
꽃 속에 누나 얼굴 떠오릅니다
시집간 지 언 삼 년 소식이 없는
누나가 가을이면 더 생각나요

어효선(1925~ 2004) 호 난정(蘭丁).
서울 출생. 1945~47년 초등학교 교사. 대한교과서 출판부장, 〈새소년〉주간, 소년조선일보·소년동아 편집위원, 금란여고 교사, 교학사 주간, 동요동인회 회장, 석동문학연구회 회장, 동시집『봄오는 소리』, 이론서『글짓기 교실』,『우리들의 글짓기』등. 한정동아동문학상, 대한민국 문학상 등

제3회(1971) 어효선

파란마음 하얀마음

어효선

우리들 마음에 빛이 있다면
여름엔 여름엔 파랄거에요
산도 들도 나무도 파란 잎으로
파랗게 파랗게 덮인 속에서
파아란 하늘 보며 자라니까요

우리들 마음에 빛이 있다면
겨울엔 겨울 엔 하얄거에요
산도 들도 지붕도 하얀 눈으로
하얗게 하얗게 덮인 속에서
깨끗한 마음으로 자라니까요

제4회(1972) 박화목

과수원길

박화목

동구 밖 과수원길
아카시아꽃이 활짝 폈네.

하이얀꽃 이파리
눈송이처럼 날리네.

향긋한 꽃냄새가
실바람 타고 솔솔

둘이서 말이 없네.
얼굴 마주보며 생긋

아카시아꽃 하얗게 핀
먼 옛날의 과수원 길.

박화목(1924~2005)
호 은종(銀鐘). 황해도 해주 출생, 평양신학교 예과를 거쳐 봉천신학교 졸업. 해방후 월남 기독교방송 방송부장 역임. 1941년〈아이생활〉에 동시「피라미드」,「겨울밤」이 추천됨. 한국문인협회 아동문학분과회장, 한국아동문학회 회장.
동시집 『초롱불』,『꽃잎파리가 된 나비』『봄을 파는 꽃가게』,『아파트와 나비』 등 한정동아동문학상, 서울시문화상(문학 부문), 대한민국문학상, 기독교문학상, 옥관문화훈장

제4회(1972) 박화목

가랑잎

박화목

흰 달밤에 똑 똑 똑
창문을 똑 똑 똑
찾아온 손님은
가랑잎 하나
가을 바람에 쫓겨 온
가랑잎 하나

달 지도록 똑 똑 똑
창문을 똑 똑 똑
초가집 주인은
베짱이 한 쌍
베 네 필만 짜노라
베짱 베짱.

제5회(1973) 석용원

불어라 은피리

석용원

불어라 은피리 릴리릴리리
바다의 고기떼도 듣고 있다네
흐르는 시냇물에 가락을 싣고
깊고 깊은 용궁으로 릴릴리리

불어라 은피리 릴리릴리리
달 속의 옥토끼도 춤을 춘다네
파아란 은하물에 배를 띄워서
높고 높은 별나라로 릴릴리리

불어라 은피리 릴리릴리리
배앵뱅 바람개비 잘도 돈다네
잠자는 우리 아가 코피리 맞춰
멀고 머언 꿈나라로 릴릴리리

석용원(1931~1994)
호는 인보(仁甫) 경북 영주에서 태어나 안동에서 자람.
고등학교 교사, 〈새벗〉 편집장, 〈소년중앙〉 편집부장, 숭의여전 교수
한국아동문학인협회 회장 한국문인협회 과천지부장
한정동 아동문학상, 소천아동문학상, 기독교문화상 대상, 시문학상
동시집 『불어라 은피리』, 『작은 별나라』, 『어린이 공화국』 등

제5회(1973) 석용원

어린이 공화국 1

석용원

이 세상 어디엔가
어린이들만이 사는
어린이 공화국이 있다면.
살갗이 까만 고수머리 아이들
살갗이 노란 코납작이 아이들
살갗이 하얀 파란 눈동자 아이들
살갗이 문제가 아닌 아이들이 모여
한 처음 하느님이 만드신 모습대로
한 처음 하느님이 하신 말씀대로
한 처음 하느님이 지으신 동산에서
한 처음대로 살 수 있는 공화국.
어린이 공화국의 말은 모두가 시
어린이 공화국의 일은 모두가 춤
어린이 공화국의 얘기는 모두가 동화
어린이 공화국의 음식은 모두가 만나.
사철 꽃이 피고 열매 맺고
사철 놀이가 공부인 학교에서
선생님도 어린이 어린이도 어린이
이 세상 어디엔가
어린이들만이 사는
어린이 공화국이 있다면.

제6회(1974) 김종상

산 위에서 보면

김종상

산 위에서 보면
학교가 나뭇가지에 달렸어요

새장처럼 얽어놓은 창문에
참새 같은 아이들이
쏙쏙
얼굴을 내밀지요.

장난감 같은 교문으로
재조잘 재조잘
떠밀며 날아 나오지요.

김종상(1935~)
경북 안동에서 출생. 1960년 서울신문 신춘문예에 동시 「산 위에서 보면」 당선동시집 『흙손 엄마』, 『어머니 그 이름은』, 『우리 땅 우리 하늘』, 『하늘 첫 동네』, 동화집 『아기사슴』, 『생각하는 느티나무』 등' 한정동아동문학상, 세종아동문학상, 대한민국문학상, 방정환문학상, 이주홍아동문학상
한국글짓기지도회장, 한국아동문학가협회 회장, 국제펜 한국본부 부이사장 등을 지냄

제6회(1974) 김종상

어머니

김종상

들로 가신 엄마 생각,
책을 펼치면
책장은 그대로
푸른 보리밭.

이 많은 이랑의
어디 만큼에
호미 들고 계실까,
우리 엄마는.

글자의 이랑을
눈길로 타면서
엄마가 김을 매듯
책을 읽으면,

싱싱한 보리숲
글줄 사이로
땀 젖은 흙냄새
엄마 목소리.

제7회(1975) 엄기원

참 잘했지

엄기원

울 밑에 심심풀이로
꽃씨 몇 알 뿌려 놓고,

까맣게 잊고 있었는데
어느새 싹이 트고
줄기가 자라
봉숭아꽃, 분꽃이
고맙다고 웃는다.

그때
꽃씨 뿌리길 참 잘했지.

날마다 메꾸는 나의 일기
쓰면서 쓰면서
"에이, 일기는 뭣하러 쓴담?"
투덜댔는데

먼 훗날
그 일기 읽어 보니
온갖 기억 되살아난다.

그때
일기 쓰길 참 잘했지.

엄기원(1937~)
강원도 강릉에서 출생, 강릉사범학교 졸업 후 교사가 됨. 1963년 한국일보 신춘문예에 골목길 당선, 한국문인협회 부이사장. 동시집『아기와 염소』,『꽃이 피는 까닭』,『참 잘했지』,『삼월의 기차 여행』등, 방정환문학상, 한국문학상, 펜문학상, 박홍근문학상 받음. 현재 한국아동청소년문학협회 이사장, 〈아동문학세상〉 발행인, 한정동아동문학상 운영위원장

제7회(1975) 엄기원

산 딸기

엄기원

산새밖에 모르는
저 산 숲 속에
빨갛게 빨갛게
익은 산딸기.

비쫑 비쫑
고운 새소리,
고걸 듣고 그렇게
고와진 딸기.

샘물밖에 모르는
저 산 숲 속에
옹기종기 탐스레
익은 산딸기.

조르르
맑은 샘물 소리,
고걸 듣고 그렇게
예뻐진 딸기.

제8회(1976) 김완기

참 좋은 말

김완기

사랑해요 이 한마디 참 좋은 말
우리 식구 자고나면 주고받는 말
사랑해요 이 한마디 참 좋은 말
엄마 아빠 일터 갈 때 주고받는 말
이 말이 좋아서 온종일 신이 나지요
이 말이 좋아서 온종일 일 맛나지요
이 말이 좋아서 온종일 가슴이 콩닥콩닥인대요
사랑해요 이 한마디 참 좋은 말
나는 나는 이 한마디가 정말 좋아요
사랑 사랑해요

김완기(1938~)
강원도 강릉에서 출생, 강릉사범 졸업후 교사를 거쳐 초등학교 교장으로 퇴임
1968년 서울신문 신춘문예에 동시「선생님 눈 속엔」당선
한정동아동문학상, 펜문학상, 한국동시문학상, 박경종아동문학상, 대한민국동요대상 받음
동시집『매화』,『하늘이 단지 속에』,『너희도 하늘 만큼』,『하늘을 달리는 새 떼』,『참 좋은 말』등이 있음
한국동요동인회 회장, 한국글짓기지도회장, 한국아동문학회 회장

제8회(1976) 김완기

봄 오는 소리

김완기

땅속에 꽃씨가 잠을 깨나봐
들마다 언덕마다 파란 숨결 소리에
포시시 눈을 뜨는 예쁜 꽃망울
산을 넘고 강을 건너 봄 오는 소리

꿈꾸던 나무가 깨어나나 봐
뿌리로 물을 긷는 고운 맥박소리에
쏙쏙쏙 고개드는 밭가의 냉이들
산을 넘고 강을 건너 봄 오는 소리

제9회(1977) 박종현

아침을 위하여

박종현

이슬은
밤새워 풀잎을 닦는다.
그리하여 아침은
마알갛게 떠오른다.

바람은
밤새워 창문을 닦는다.
그리하여 아침은
새 빛이 솟는다.

해님은
밤새워 구름을 닦는다.
그리하여 아침은
새 힘이 넘친다.

박종현 (1939~2020. 3.14)
호 등산(等山), 전남 구례에서 남. 광주 사범학교 졸업후 초등학교 교사로 있다
1976년 〈아동문예〉 창간하여 발행인겸 주간 지냄
한정동아동문학상, 대한민국문학상, 박홍근아동문학상, 펜문학상, 한국문학상 등 수상
동시집 『빨간 자동차』, 『손자들의 숨바꼭질』, 『구름 위에 지은 집』, 『아침을 위하여』등

제9회(1977) 박종현

달밤

박종현

두웅실
산마루에
오르는
달.

달이
나를
보고

마알간
웃음.

두웅실
내 가슴에
솟는
마음.

내가
달을
보고

환한
웃음.

제10회 (1978) 김신철

가을 오는 소리

김신철

늦여름 뙤약볕 속
천둥 소리에
검은 구름 깜짝놀라
도망쳤네요.

알밤 나오는 소리 듣고
와아, 와아, 찾아온
고추잠자리 떼
노을 빛 속에서
기뻐하네요.

조용한 숲속 길
달님을 이고
"찌릉 찌르릉"
여치 소리
가을 오는 소리.

김신철(1933~2001)
호 아림(兒林) 전남 나주에서 태어나 함평에서 자람. 함평광인중학교 교사
1956년 전남일보 신춘문예 동시 당선, 한국어린이글짓기연구소 소장, 한국아동문학회
회장 전남도문화상, 한정동 아동문학상, 한맥문학대상, 한국문학상 등
동요집 『장미꽃』, 동시집 『은하수』, 『코스모스』, 『가을 오는 소리』, 『겨울 오는 소리』 등

제10회 (1978) 김신철

아가는 꽃나무

김신철

아가는 예쁜 꽃나무
아빠랑 엄마랑
정성들여 가꿔논
귀여운 꽃나무

엄마의 사랑으로
키가 자라고
아빠의 사랑으로
꿈이 자란다.

아가나무 꽃가지
눈가에 입가에 콧잔등에
아침 저녁으로
웃음꽃 피면

아빠의 맘속에 푸른 꿈이 쑥쑥
엄마의 맘속에 웃음꽃이 활짝
.아빠의 맘속에 즐거움이 담뿍

방안에 가득 풍긴
꽃나무 향기

제11회(1979) 이진호

발가락 전쟁

이 진 호

-아이 아이 간지러워요
-나도 나도 간지럽구나.

한 이불 속에서
네 식구 발가락이
바쁘게 꼬물거린다.
토요일 밤마다.

가만가만 누나 발등 위로
살금살금 엄마 무릎으로
스물스물 아빠 허벅지까지
마구 기어 다니는 발가락.

가만가만 밀어내 보고
살짝살짝 꼬집어도 보고
깔깔대는 네 식구들
서로 밀고 당기면서
꼼지락거리는 발가락 전쟁.

토요일 밤마다
한 이불속에서
전쟁이 벌어진다.

이진호(1937~   )
호 천등(天登). 충북 중원에서 출생. 충주사범학교 졸업 후 청주대 국문과 졸업.
1965년 충청일보 신춘문예 동시 당선, 1970년 〈가톨릭 소년〉에「보릿고개」외 2편 추천, 교육부 국어과 편찬심의위원.
한국글사랑문학회 회장, 국제펜한국본부 이사, 천등문학회장
한정동아동문학상, 한국아동문학작가상, 대한민국동요대상, 제5회 세계계관시인대상
동시집『꽃잔치』, 동화집『금빛 날개를 단 아기 코끼리』,『선생님, 그럼 싸요?』『앞으로 앞으로』, 시집『지구를 돌리는 아이』등

제11회(1979) 이진호

새싹 2

이 진 호

햇살이
햇볕을 한 무리 안고 와서
화단에 내려놓았다.

-얘들아, 아직도 자고 있니
-어서들 일어나 봐
햇볕이 나직나직 불러낸다.

-아이, 따사로워라
-그래 그래, 너무 너무 훈훈해
-진작 와 주지 그랬니.

새싹들이 눈 비비며
쏘옥
쏙…….
다투며 고개 내민다.

제12회(1980) 김재수

가로수

김재수

어깨를 건드린다, 아는 체 하며
돌아보니 살며시 등을 기대는 가로수
'쉬었다 가렴'
푸른 물소리로 말을 건넨다.
그렇구나
숱하게 이 길을 오갈 때마다
나무는 내게 눈길을 주고 있었구나
등으로 전해지는 물소리
하늘엔 땡볕이 타고 있는데
기다리고 있었구나 나무는
푸르게 그늘을 만들며.

김재수(1947~)
경북 상주에서 남. 안동교대, 한국방송통신대학 졸업
〈소년〉에 동시「가로등」외 추천완료. 제1회 창주아동문학상(1974) 받음, 제12회 한정동아동문학상 받음(1980), 제16회 해강아동문학상(1996), 경북문학상(2010) 받음, 동시집「낙서가 있는 골목」,「겨울 일기장」,「농부와 풀꽃」,「김재수 동시선집」,「오월의 산」등

제12회(1980) 김재수

풀꽃(1)

김재수

오가다가 마주치면
늘
반가운 얼굴인데

어쩌니?

부끄럽게도
부끄럽게도
난 너의 이름도 몰라

무심코 가다가
뒤돌아보면

어느 새
내 가슴에 들어앉아
웃는 꽃.

제13회(1981) 최재환

소나기

최재환

먼 곳에서 온
손님 하나,

대문을 흔들다가
되돌아 간다.

풀잎들이 손짓하며
자꾸 말려도

잠 든 아기 깨워 놓고
강 건너 간다.

고개를 저으면서
산 넘어 간다.

최재환(1949~　)
전남 신안에서 출생하여 목포에서 성장함. 서라벌 예대 문창과 졸업, 고등학교 교사, 1976 소년중앙문학상에 동시 「고추잠자리」 당선. 한정동아동문학상, 남교문학상, 한국현대시인상 수상. 한국현대시인협회 부회장 역임.
동시집 『종이 비행기』, 『꿈속에서 들은 자장가』, 시집 『표구 속의 얼굴』 등

제13회(1981) 최재환

골목길

최재환

제 자리에 엎디어
기차처럼
헉헉대더라도
너희들만 있으면 외롭지 않다.

더러는 바람이
한낮의 이야기를
몰고 가지만
그런 것 쯤
눈을 감고도 다 아는 것들이다.

가난한 이웃들이
따스한 인정을
한 바구니씩 채워들고
골목을 오간다지만

헤진 옷을 입고도
부끄러움을 모르는 건
너희들의 파아란 꿈이
익어가기 때문이다.

목을 길게 늘이고 서서
희미한 새벽 별빛에도
마음이 약해지는 건
너희들이 그렇게
자라고 있기 때문이다.

(80. 5. 1. 소년동아일보)

제14회(1982) 권오훈

종달새

권오훈

하늘 높이높이에서
까불대는
종달새 한 마리

찬바람에 날리듯
빛으로 반짝, 나타났다가
하늘빛 속으로 숨어들고
이내
또 빛을 감고
수
직
으
로
떨어져서는
콕!
보리밭에 박힌다.

쪼로롱!
종달새소리가 까무러친다.
보리싹이 파래진다.

권오훈(1937~)
강원도 강릉에서 태어남. 강릉 사범학교 졸업후 초등학교 교사
1975년 월간문학 동시 부문 〈고드랫돌 넘기는 할아버지〉 당선
동시집 『해뜨는 집』, 『해야 해야』, 『아기가 만든 해』, 『꽃편지 새 친구』, 『해와 함께 달과 함께』, 『청개구리의 달』 등
한정동아동문학상, 우리나라 좋은동시문학상, 김영일아동문학상

제14회(1982) 권오훈

아버지의 바다

권오훈

아버지가
바다에 일 나간 밤
잠자리에 누우면
천장은
온통 바닷물결로 출렁거리고

뱃머리에 부딪치는
물소리, 물소리는
내 베갯머리에 와 찰싹인다.

식구들의 무게를 지고
바닷일을 하시는 아버지의 어깨에는
찬바람, 파도 소리
쏴!
쏴!

물이랑에서
힘겹게 건져 올리는 그물에는
퍼덕, 퍼덕거리는
은빛 무게들
아버지가 일 나간 밤에는
내 방안은
물결이 일렁거리는
아버지의 바다가 된다.

제15회(1983) 김종영

싸움한 날

김종영

싸움하고
집으로 가는 날
내 그림자는 더 길어지고
마을은 더 멀어집니다.

나는 바람 찬 언덕 위
앙상한 겨울나무

어머니의 따슨 손이
내 마음을 녹이고
어머니의 사랑의 말씀이
눈물이 됩니다.

그 날 밤
밤새도록 달려갑니다.
달을 안고
친구에게로 달려갑니다.

-국어 읽기 4-2 교과서(제6·7차 교육과정) 수록 작품-

김종영(1947~   )
강원도 속초에서 출생. 춘천교대 졸업 후 교직에 종사함.
1973년 조선일보 신춘문예에 동시 「아침」이 당선됨.
한정동아동문학상 , 대한민국동요대상 등 다수 수상
동시집『하늘을 날아다니는 아이들』외 9권, 동화집『무지개 운전사』,『사랑의 종소리』강원아동문학 회장, 한국아동문학회 부이사장, 국제펜한국본부 이사

제15회(1983) 김종영

홍시

김종영

쪽쪽
햇살을 빨아 먹고,
쪽쪽
노을을 빨아 먹고

통통
말랑말랑
익은 홍시

톡 건드리면
쫘르르 햇살이 쏟아질 것 같아
톡 건드리면
쭈르르 노을이 흘러내릴 것 같아

색동옷 입은 아기바람도
입만 맞추고 가고,
장난꾸러기 참새들도
침만 삼키고 간다.

제16회(1984) 최도규

빨랫줄

최도규

빨랫줄 하나에
온 식구가
다 걸렸다.

식구의 몸무게만큼
무거워진
빨랫줄

햇살이 덜어 주고
바람이 덜어주지만

바지랑때 휘청휘청
넘질까봐
맴을 돌던 잠자리가 붙잡고 있다.

최도규(1943~1994년)
강원도 강릉 출생, 춘천교대 졸업후 상지대학교 행정학과 졸업, 초등학교 교사
1976년 〈아동문예〉에 동시 추천, 1977년 월간문학 신인상 당선으로 등단
동시집 『교실 꽉찬 나비』, 『이사가던 날』, 『할머니 이야기』
동시조집 『빼꼼이와 짱구』 등 강원아동문학상, 한정동아동문학상

제16회(1984) 최도규

교실 꽉찬 나비

최도규

어쩌다
교실에 날아든
한 마리 나비

책을 쓸던
까아만 눈들을
모두 낚아 올린다.

책갈피를 뛰쳐 나간
눈망울들도
장난 속을 튀어 나와
살포시 여는
앞니 빠진 입들

선생님도 슬그머니
빼앗기는 눈동자.

마알갛게 빛을 낸
유리 그물에 걸려
열린 창 옆에 두고
호록호록 날다
아이들 눈속으로
쏙쏙 들어가

교실 안은
꽃밭
꽈악찬 나비.

제17회(1985) 이무일

조약돌

이무일

수천 년을
갈고 닦고도
조약돌은 아직도
물 속에 있다.

아직도
조약돌은
스스로가 부족해서

물 속에서
몸을 씻고 있다.
스스로를 닦고 있다.

이무일(1941~1992)
1939년 경북 상주에서 출생. 안동사범학교 졸업 후 한국방송통신대학 졸업.
외남초, 상주초 교사
1969년 〈소년〉에 「눈오는 날」이 추천됨.
동시집 『참새네 칠판』, 『봄이 오는 길』(공저), 『참말』등.
한정동아동문학상

제17회 (1985) 이무일

봄

이무일

아, 그래 모두들 제 자리에 있었구나
서로를 반기면서 문을 연다
서로가 힘을 모아
따뜻한 해를 한 파람씩 당기면서
왁자지껄 쏟아져 나온다
제 모습 그대로여서 모두가 예쁜
제 소리 그대로여서 모두가 고운
봄의 얼굴 봄의 소리들
세상이 온통 소풍날 아침이다
즐거운 소리로 가득찬
마침종 울린 학교 운동장이다

제18회(1986) 이연승

해를 파는 가게

이연승

거울 가게에는
거울 수만큼
하늘이 있습니다.

날마다
하늘을 파랗게 닦아놓고
해를 팝니다.

손님들은
하늘 속에 비친
얼굴을 보고

해가 담긴
거울을
사 가지고 갑니다.

이연승(1938~1991)
1938년 강원도 횡성군에서 태어남
1975년 〈월간 문학〉 신인상에 동시가 당선됨.
동시집 『해를 파는 가게』, 『햇살이 사는 동네』 등을 펴냄.
강원아동문학상, 한정동아동문학상 등

제18회(1986) 이연승

아기나무 꿈

이연승

너무 어려
손 끝에서
손 끝으로 크는
아기 나무들

하늘을 마시며
대궐보다
더 큰 집을
만들 꿈이 크다

콕콕 쪼아대는
호미 끝 소리에
입이 크고
가지가 돋아나고

뙤약볕
묘판에서
손 끝으로 크는
아기나무들

나비 등에 업혀
산새
웃음 소릴 배운다

제19회(1987) 서오근

배꼽티

서오근

배꼽티 입고
참외 따는
누나를 보고
참외밭에 참외들이
웃었습니다.

-배꼽이 이 정도는 돼야
내놓는 기라.

불룩불룩 배꼽 쥐고
웃었습니다
깔깔깔 낄낄낄
웃었습니다.

서오근 (1943~2016)
전남 함평 출생. 1977년 〈월간문학〉 동시 부문 신인상 당선으로 등단
동시집 『산들바람』, 『바람아 바람아』, 『푸른 하늘 은하수』 등이 있음
무안문화원장, 한국아동문학회 중앙위원을 지냄
한정동 아동문학상, 한국아동문학 공로상, 전남아동문학상 수상, 전남문화상 등

제19회(1987) 서오근

미루나무와 아기 까치

서오근

미루나무 둥지에 아기 까치 삼 형제.
엄마, 아빤 나들이 가고
삼 형제만 남았지요.

햇볕은 쨍쨍
땅김은 훅훅
엄마 엄마 덥다고 칭얼거리면
미루나무 잎잎마다 부채가 되어
팔랑팔랑 살랑살랑 부쳐주지요.

미루나무 둥지에 아기 까치 삼 형제.
엄마, 아빤 나들이 가고
삼 형제만 집 보지요.

엄마 아빠 보고싶다
칭얼대면은
미루나무 몸 흔들어 얼려주지요.
잘자라, 잘자라 재워 주지요.

제20회(1988) 조명제

꽃씨를 심는 마음

조명제

꽃씨를 심으며
내 작은 꿈도
함께 심는다

아무도 모르는
꽃씨의 꿈
아무도 모르라고
꼬옥 꼭
다져 밟는다

머잖아 싹이 틀
초록 가지에
가만가만 내 마음
매달아 두고

몰래 모올래
키워 가야지
하늘처럼 푸르게
키워 가야지.

조명제(1954~)
호 들샘, 부산에서 태어남, 부산 교육대학 졸업 후 교사
1982년 월간문학 신인작품상 당선, 월간 아동문예 신인상 당선
한정동 아동문학상, 대한아동문학상 수상
동시집 『갈숲의 노래』, 『날고 싶어요』 『나비야 나비야 너는 어디 있니』 외

제20회(1988) 조명제

팔베개

조명제

엄마 팔베개에 아가가
새근새근 잠들고 있다

엄마는 아가 꿈을 꾸고
아가는 엄마 꿈을 꾸고

팔베개는 아가와 엄마의
꿈길을 잇는 무지개 다리

아가 방 영창엔 일곱 빛 고운 꿈이
새록새록 수를 놓고 있다.

제21회(1989) 남진원

물 빗자루

남진원

우리 집 앞쪽으로 흐르는
작은 개울물

가만히
옆에 앉아 있으면

때 묻었던 마음
한 개
두 개
세 개 …

물 빗자루로 잘 잘 잘
씻어 내린다.

새 길 나듯
마음 길 환해진다

남진원
1953년 강원도 정선 문래리 출생
1976년 샘터시조상 (동시조) 수상
동시집 『싸리울』(1982)외 다수.
대표작, 동요 '꾸러기 삼총사'
강원아동문학회, 강원시조시인협회, 강원문인협회 지회장(현)

제21회(1989) 남진원

풀잎과 코스모스에게

남진원

가을 바람 부는 들길에 서면
나는 다 안다
코스모스가 울면
하나도 모습이 안 보이지만
네가 얼마나 아름답게 울었는지
나는 다 안다
나는 다 안다

가을 바람 부는 풀밭에 가면
나는 다 안다
풀잎이 울 때는
하나도 소리가 안 들리지만
네가 얼마나 맑게 맑게 울었는지
나는 다 안다
나는 다 안다

제 22회(1990년) 김삼진(1934~2013)

종이 배

김삼진

돌다리에 앉아서
종이배를 띄운다.

까닥까닥 동동
꽃잎 실은 종이배.

지금은 어디만큼
떠가고 있는지

멀리 떠난 친구 얼굴
생각이 난다.

개울물은 돌돌돌
종이배는 동동동

푸른 꿈 싣고
떠가는 종이배.

턱 괴고 엎드려서
물길을 바라보면

목화밭에 엄마 얼굴
그리워진다.

김삼진
1934년 함평 나산 출생/ 광주 성장/ 광주 사범 졸업. 광주교육대학교졸업/ 장흥 유치 초등학교교장 퇴직
1966년 중앙일보 신춘문예 동시 당선
광주전남아동문학가협회 회장 역임, 한국아동문학인회이사, 부회장 역임
한국아동문학상, 한정동아동문학상, 한국아동문화대상 수상 외
저서 「오월의 바람」, 「아침 편지」, 「꽃시계」, 「아름다운 만남」, 「날아라 나비야 함평 가지」

제 22회(1990년) 김삼진(1934~2013)

학교 가는 길

김삼진

흰 눈을 맞으면서
학교 가는 길,

발자국도 따라서
즐겁습니다.

하얀 눈 송이송이
발자국 따라

발자국을 지우고
덮었습니다.

흰 눈을 맞으면서
학교 가는 길,

머리에 하얀 꽃
피었습니다.

제23회 (1991) 김진광

나무의 귀

김진광

새들이 나무를 좋아하는 것은
새들의 수다를 고개를 끄덕이며 들어주는
수많은 나무의 귀가 있기 때문이지

같은 말 하고 또 해도 언제나
숲 속 나무는 처음 듣는 것처럼
귀를 팔랑거리며 재미있게 잘 들어주지
어찌 친구인 새들의 말을 모르겠니

가을이면 이야기로 가득 찬 무거운 귀를 내려놓고
봄이 올 때쯤 연둣빛 새 귀를 가지에 매달지

새들이 나무를 좋아하는 것은
파라솔과 나무의자가 놓여있기 때문이지
여기 앉아서 맘껏 이야기 해
내 다 들어 줄게, 하는 나무의 마음 때문이지

김진광
1951 강원도 삼척에서 태어나, 1980년 『소년』및 『현대시학』으로 등단
저서 『시루뫼 마실 이야기』, 『아이, 깜짝이야!』, 『김진광동시선집』,
『하느님, 참 힘드시겠다』, 『한국 현대 동시 논평과 해설』등
매일신문신춘문예, 윤석중문학상, 어효선아동문학상, 한정동아 동문학상,
한국동시문학상, 한국동서문학상 등

제23회(1991) 김진광

하느님, 참 힘드시겠다

김진광

우리 아빠는 경비원이다

경비실에서 건물 이곳저곳을
컴퓨터 화면으로 살핀다

문득, 하느님 생각이 났다
하느님도 우주를 저렇게
살펴보고 계실까?

그리고 미처 못 본 것은
다시 화면을 돌려 살펴보시겠지?

우주의 수많은 별들을
일일이 살펴보시느라
하느님, 참 힘드시겠다

우주 중에 지구라는 별을 보며
하느님 혼자말로
"이 일 힘들어 못 하겠어!"
자꾸 그러시겠다

"이제, 나이도 너무 많고 지쳤어!"
그러시겠다

제24회 (1992) 윤갑철

시골길

윤갑철

시원한 시골길
서울 친구 생각나는 길

아무리 '에어콘'이
시원하다 해도
솔바람 실바람 같을까

혼자서 걸어도
외롭지 않은 시골길

즐거운 시골길
서울 친구랑 걷고 싶은 길

아무리 '스테레오'가
고운 노래 들려준다 해도
새소리 물소리 같을까

혼자서 걸어도
외롭지 않은 시골길.

윤갑철
전북 부안 출생. 감신대 대학원, 숭실대 기독교학 대학원, 청우실업고등학교 교장
〈월간문학〉신인상, 월간〈한국시〉신인상, 한정동아동문학상, 한국동시문학상, 한국기
독교문학상 수상
전북아동문학회 창립 회장, 한국문인협회 전북지회장, 전북 지방경찰청 경목실장, 전국
경목실장회 대표회장
참수리교회 담임목사
동시집 「꽃씨의 꿈」, 「시골편지」

제24회(1992) 윤갑철

시골 편지

윤갑철

전철을 타고
하루를 시작하는
서울 친구에게
민들레 꽃씨를 보낸다.

"아파트"에서 살고
"아스팔트" 위만 걷는
서울 친구에게
뻐꾸기 노래를 띄운다.

흙냄새 잊지 말라고
싱그러운 풀내음으로
또-박 또박
쓴 편지…….

오늘도
느티나무 그늘에서
서울 친구에게
시원한 시골을 보낸다.

제25회(1993) 정혜진

봄비

정혜진

멀리
강남에서
달려온 봄비

새록새록 잠든 새싹
깨워 일으켜
아가의 얼굴만큼
예쁜 꽃 피우려고

땅 속까지 촉촉하게
스며들어와
다독다독 보드랍게
손을 놀려요.

〈1996년 초등학교 4-1 읽기교과서 20쪽 수록작품〉

정혜진
1949 전남 고흥 출생
1977 아동문예 추천, 1991년 광주일보 신춘문예 당선,
1993. 5. 15. 제25회 수상자
동시집 꽃목걸이, 사랑의 꽃다발, 달콤열매, 바람 배달부, 짝꿍 사다리 등 16권

제25회(1993) 정혜진

내 가슴에

정혜진

친구야
내 가슴엔
보고 싶은 얼굴이
가득 채워져 있단다.

친구야
내 가슴엔
다정한 눈동자가
가득 담겨져 있단다.

친구야,
내 가슴엔
정다운 목소리가
가득 고여져 있단다.

〈2001년 초등학교 4-1 읽기교과서 52쪽 수록작품〉
〈2011년 초등학교 5-1 국어교과서 144쪽 수록작품〉

제26회(1994) 박인술(1921~2014)

하늘

박인술

아버지는
일거리가 없을 때
하늘을 쳐다봅니다.
어머니도
궂은일이 생기면
하늘을 쳐다봅니다.
저도 숙제가 너무 많아
가슴이 답답할 때면
하늘을 쳐다봅니다.
셋방살이 방 하나
우리 집 식구들은
하늘을 보고 삽니다.

박인술(1921~2014)
1957년 대구매일신문 당선
한정동아동문학상 수상
〈동시집새들의 고향〉, 〈이 땅의 아이들〉 등

제26회(1994) 박인술(1921~2014)

작은 풀꽃

박인술

후미진 골짜기에
몰래 핀 풀꽃 하나
숨어 사는 작은 꽃에도
귀가 있다.
나직한 하늘이 있다.
때때로
허리를 밀어 주는
바람이 있다.
초롱초롱 눈을 뜬 너는
우주의 막내둥이.

제27회(1995) 이성관

반딧불

이성관

여름밤 산골마을 동화대회 열렸다
별똥별이 흐르듯 밤하늘 수놓으며
까아만 도화지 위로 시를 쓰는 반딧불

호박꽃 반디 넣으면 길 밝히는 초롱불
앞마을 초롱 들고 찾아갈까, 희야네 집
심심한 희야, 반가워 볼우물이 환하게.

이성관
1946년 전남 장흥 출생, 아동문학평론('83)추천과 월간문학('84)신인상 등단
새벗문학상, 한정동아동문학상(1995.제 27회), 한국아동문학작가상, 대한민국동요대상 등 수상
대표저서: ·동시집:바다와 아버지외 1권, ·동시조집:초가지붕 하얀박꽃,
동요시집: 파랑새, 저, 여기 있어요 여기, 여기요외 1권

제27회(1995) 이성관

풀꽃의 노래

이성관

저, 여기 있어요
여기 여기요.

어딜까, 속삭이듯 향그런 소리
소리가 들리는 곳 들길, 언덕길
밤하늘 별빛처럼 피어있는 꽃
돌아보면 빈 하늘 초록바람에
발길 다시 되돌리면

여기, 여기요
여기 여기요.

제28회(1996) 이봉춘

하늘

이봉춘

하도 높아서
하늘의
말은 들리지 않고
하도 넓어서
하늘의
마음은 보이지 않아도
눈을 감으면
하늘은
꼭
할 말을 하고 있고
꼭
가져야 할 마음을
보여 주고 있지요.

이봉춘
1976년 〈아동문예〉동시 천료
한국아동문학상, 한정동아동문학상 등 수상
동시집: "푸른바람""비 오는 날의 풀잎" 등 출간
광주.전남이동문학인회 회장 역임
광주진흥중학교 교장 정년퇴임

제28회(1996) 이봉춘

꽃

이봉춘

꽃은
손이 없다.
그러나
많은 사람의
마음을 어루만지고
꽃은
발도 없다.
그러나
산을 넘어
먼곳까지 잘도 간다.

제29회(1997) 허동인(1941~2009)

산새알

허동인

만지면 매끈매끈
누르면 터질 것 같은
보얗고 도톰한
조그만 산새알.

가만히 귀에 대면
들려오는 듯
엄마 품이 그리운
아기새의 숨결 소리.

꼬옥 품어주던
엄마의 나래깃
따사로움도 묻어 있는
엄마 잃은 산새알.

허동인
허동인은 일본 가와사키에서 태어났다. 안동사범학교를 졸업 후 초등학교 중등학교에서 40년을 교단에 섰다. 1963년 공보부에서 제정한 제2회 신인예술상 공모에서 동시 <병원집 아이>로 차석을 차지하여 문단에 데뷔했다. 1964년 동시 <빗방울>로 ≪경향신문≫ 신춘문예에 가작 입상했고, 1965년에는 ≪새교실≫에서 동시로 다시 추천을 받았다. 지은 책으로는 동시집 ≪조약돌 형제≫, , ≪산골 우체부 아저씨≫, ≪개울물의 여행≫, ≪어머니가 고향이다≫, ≪보름달이 나보고≫, ≪날개가 없어도≫ 등이 있다. 경북문학상, 한국아동문학상, 한정동아동문학상 등을 받았다. 2009년 타계했다.

제29회(1997) 허동인(1941~2009)

보름달이 나보고

허동인

환하고 밝게 살려거든
둥근 마음 가지라 합니다.

둥근 마음 가지려거든
환하고 밝게 살아라 합니다.

제30회(1998) 이창규

도자기 얼굴

이창규

흙과 물
불이 만나서
한 몸으로
항아리 되었다.

학 한 마리
날아 앉았고
나비 한 마리
꽃에 볼 부빈다.

이창규
1978년 아동문예 아동문학상으로 천료. 아동문예지
동시집, '열두 달 크는 나무'. 동화집, '종민이의 푸른 꿈'.
'이창규 동시선집' 등 모두 39권이 있음.
한국아동문학상. 한국PEN문학상. 한정동 아동문학상 수상.
경남도문화상 수상. 경남 예술인상 수상. 천등아동문학상 수상
한국 문협 자문위원. 국제PEN한국본부 자문위원
현재-경남아동문학회 고문. 한국불교아동문학회 고문

제30회(1998) 이창규

모자이크

이창규

닮은 짝 찾아서
차례대로
이웃을 만든다.

제 물건은
제 자리 찾는 일
서로를 돕는다.

두 몸과 한 마음
한 몸 만들어
행복을 가꾼다.

제31회(1999) 장승련

산꽃

장승련

비에
젖어도 좋다.

바람에 흔들리고
뿌리가 뽑혀도 좋다.

나 혼자 피다 말면
그 뿐

목숨이 다하는
그날까지

산새들만 보아주어도 좋다.
별들만이 알아주어도 좋다.

장승련
1988년 아동문예 동시작품상 당선으로 등단
시집 : 〈민들레 피는 길은〉, 〈우산 속 둘이서〉, 〈바람의 맛〉
교과서 등재 : 초등학교국어 4-1 산문〈제주도에서〉등재(2010~2013), 초등학교국어 4-1 시〈어느새〉 등재 (2018~)
수상 : 아동문예작가상, 한정동아동문학상, 한국아동문학상, 한국불교아동문학상

제31회(1999) 장승련

돌담

장승련

집 울타리엔 울담
밭을 두르면 밭담
산소를 두르면 산담

큰 돌, 작은 돌
둥근 돌, 모난 돌
길쭉한 돌, 모난 돌

저마다 다른 모양이어도
한데 모여 담을 이루며 약속했다.

누군가 내밀면 안아주기
무언가 드리우면 받쳐주기
어딘가 빈 곳은 채워주기

그래야

밀어도 쉬이 쓰러지지 않는다.
바람도 쉬었다 지나간다.
물도 노래하며 흘러간다.

제32회(2000) 이성자

송두리째 다 내놓았어

이성자

수박 넝쿨이
뙤약볕과 싸우며 키워 낸
달콤한 속살

우리에게
송두리째 다 내놓았어.

수박 씨앗이
콕콕 웃으며
쳐다보고 있는 거야

한 조각씩 나눠 먹으며
오순도순 살라는 게지

수박처럼 둥그런 마음
나누며 살라는 부탁이겠지.

이성자
1949년 전남 영광출생. 아동문학평론, 동아일보신춘예당선. 2000년 한정동아동문학상(32회) 받음. 수상경력은 광주문학상, 우리나라좋은동시문학상, 방정환문학상, 한국아동문학상 등을 수상, 저서로는 동시집으로 『너도 알 거야』 『키다리가 되었다가 난쟁이가 되었다가』 『엉덩이에 뿔 났다』 『입안이 근질근질』 『기특한 생각』 『꽃길도 걷고 꼬부랑길도 걷고』 등 다수.

제32회(2000) 이성자

종이컵

이성자

촛불 집회 때
촛불을 안아주었던
종이컵들이

농부 아저씨를 따라
시골로 갔다

이듬해 봄
모종 컵이 돼
새싹을 안아주었다.

제33회(2001) 정용원

까치집

정용원

미루나무 꼭대기
반쯤 지은 까치집
아빠 까치는 서까래 구하러 가고
엄마 까치는 솜털 담요 사러 간 사이

"주추와 기둥은 튼튼한가?"
바람은 한바탕 흔들어 보고

"아기 까치 태어나면 둥지 안은 포근한가?"
봄 햇살은 뱅그르르
둥지 안을 돌아본다.

정용원
1944 안동출생
1966 〈서울신문〉 동시 '거미줄' 발표 1977 〈아동문학평론〉동시 천료
동시집 "산새의 꿈" 외 12권, 동화, 위인전 3권, 수필, 칼럼, 편지, 아동문학 연구논문 등 20여권. 국어교과서 동시 '미술시간' '까치집' 수록
한국문학백년상, 현대아동문학상, 한정동아동문학상, 김영일아동문학상, 한국창작문학상, 제1회울산아동문학상, 경남도문화상(문학)
초등 교장, 장학관, 울산과학대학교와 울산대학교 겸임교수 역임.
PEN문학상, 동서문학상, 천강문학상, 목포문학상 심사위원 역임
국제PEN한국본부부이사장, 한국동시문학회장, 울산아동문학회 창립회장 역임
현 국제PEN한국본부 자문, 주간한국문학신문 논설위원, 새싹회 이사

제33회 (2001) 정용원

부탁

정용원

집 짓는 아저씨 부탁 좀 들어 주셔요
우리 집 지으실 때 진달래 언덕 위에
둥그런 아침 해 들어오기 쉽게
둥그런 둥그런 동창 하나 내 주셔요.

집 짓는 아저씨 부탁 좀 들어 주셔요
우리 집 지으실 때 아기 방 창문에는
밤마다 별님이 들어오기 쉽게
다섯 모 도라지꽃 창문 내 주셔요.

집 짓는 아저씨 부탁 좀 들어 주셔요
우리 집 지으실 때 창이란 창문마다
구름도 나비도 들어오기 쉽게
살 없는 창으로 예쁘게 내 주셔요.

제34회(2002) 선용

잔디밭에는

선용

잔디밭에는
잔디만 한 바람끼리
와서 논다

뒹굴기도 하고
공차기도 하고

발 뻗고 누운 해님
행여 깰까 봐
기침도 꾹 참고
뒤꿈치도 들고

잔디밭에는
잔디만 한 바람끼리
와서 논다

잔디 닮아 손이 파란
아기 바람이

선용
1942년 일본 동경에서 태어나 1971년 〈소년세계〉로 등단, 2002년 제34회 한정동 아동문학상 수상
동시집 「고 작은 것이」 외 23권, 동요집 「잔디밭에는」 외 28권, 가곡집 「능소화」 외 5권, 번역집 「티베트 민간 고사」 외 80권이 있음
부산시문화상, 새싹문학상, 중화민국중흥문예장, 아시아 번역상, 대한민국동요대상(작사), 한국창작가곡대상(작사)

제34회(2002) 선용

돌담

선용

어느 것 하나
잘난체하지 않는다
서로 손잡고 등을 낮추고
어깨를 나란히 엎드려 있다

잘난 돌 사이 못난 돌
못난 것 사이에 잘난 것

끼리끼리가 아닌 함께
함께라서 빛이 나는
돌 하나하나의 힘

바위보다 콘크리트보다
더 튼튼한 바람막이

해바라기 호위병 세우고
하얀 박꽃
꽃관을 쓰고도
키를 낮추는 돌담

제35회(2004) 이준섭

삽살개야

이준섭

엄마의 머리같은 털복실이 삽살개야
엄마의 품안같은 내 사랑 삽살개야

밥 먹을 때 같이 먹고 잠잘 때도 같이 자고
나들이길 나설 때도 꼬리치며 앞장서고

눈 맞추고 뽀뽀할수록 더 예쁘고 다정스러워라
품안에 안을수록 더 귀엽고 사랑스러워라

집에 오면 쓰다듬고 안아주는 즐거움아
포근한 털이불로 안겨주는 삽살개야.

이준섭
1977 월간문학 시조 당선. 1981: 광주일보 창간기념 현상공모 동시 당선, 한국아동문학상, 한정동아동문학상 방정환아동문학상, 천등아동문학상, 김영일아동문학상. 등 수상. 동시집 "대장간 할아버지" 외 8권 발간. 시조집 "새아침을 위해" 외 3권 발간. 수필집 " 국화꽃 궁전" 외 다수. 경기도 김포시 문협 초대회장, 한국동시문학회 회장 역임.

제35회(2004) 이준섭

복조리

이준섭

할머니께서는
해마다 정월오면
복조리를 사서 보물단지 모셔두듯
방문 위에 걸어두신다.

"할머니, 복이 뭐여요?"
"복이란 새꿈의 씨앗이란다."
"복은 욕심을 버리고
꿈의 씨앗을 심는 데서 오느니라."

해마다 우리 식구들 고운 꿈이
복조리에 씨앗으로 쌓여
할머니,엄마,아빠 우리 형제들
모두 건강하시고
나도 튼튼한 몸으로 공부할까?

할머니께서
해마다 복조리 사시며 하시는 말씀……
'복은 욕심을 버리고
꿈의 씨앗을 심는 데서 오르니라.'
이제 나도 내 꿈의 씨앗을 심게
복조리 하나 사 둘까.

제36회(2007) 조무근

상모를 돌리는 등댓불

조무근

상모를 돌린다
캄캄한 밤바다에서

열 두 발 끝에 야광등 달고
신나게 상모를 돌린다.

밤 파도 넘실넘실 덩달아 춤추고
별 친구 반짝반짝 응원도 하며

밤바다 주인공 되어
밤새도록 상모를 돌린다.

열 두 발 끝에 야광등 달고
이리저리 바닷길 밝힌다.

조무근
매일신문 신춘문예 당선(1979), 월간문학 신인상, 아동문학평론 천료.
한국아동문학작가상(1989), 영남아동문학상((1993), 한국아동문화예술상(2012)
동시집 『하늘을 도는 굴렁쇠』, 『엉덩방아 찧는 빗방울』 외 다수
한국아동문학연구회 경북지부장, 솔바람동요문학회 회장 등

제36회(2007) 조무근

연잎 마당

조무근

연잎 마당에서
빗방울이 구슬치기 한다

비 오는 날 골라잡아
구슬치기 한다

또르르르……
또르르르……

하얀 웃음 굴리면서
구슬치기 한다
연꽃 등 아래에서

제36회(2007) 안순혜

다시 태어난 날

안순혜

철물점의 못 통 속에서 그 못은 자랑쟁이로 통했습니다.
- 난 뭐든지 뚫을 수 있어. 나무도, 단단한 벽도 문제 없다구.
그 못은 입만 열면 자기 자랑이라 친구들에게 미운털이 콕 박혔답니다.
- 잘나면 외로워!
그 못은 멋진 은빛 몸매를 내려다보며 중얼거렸습니다.
정말 그 못은 늘씬하게 키가 크고 튼튼해 보였습니다.
철물점 친구들은 소곤거리다 그 못이 입을 열면 시치미를 뚝 떼고는 뒤돌아 앉았습니다.
- 넌 내가 없으면 쓸모가 없을 걸.
주먹코 망치가 한마디 했습니다.
- 치, 그것도 몸뚱이라구.
못은 톡 쏘듯 말했습니다.
잠시 후 철물점 문이 열리더니 수염이 덥수룩하게 난 남자가 들어왔습니다.
뒤 이어 달랑모자를 쓴 꼬마 아이가 손을 호 불며 문을 닫았습니다.
"아이구, 화가 아저씨 웬일이세요?"

안순혜
서울에서 태어나 1993년 조선일보 신춘문예에 동화로 등단. 2006년 창비 좋은 어린이책대상 수상. 저서로는 『이 방이 고래 뱃속이야?』『바보되어주기』『우주비행사와 토끼』『향기마마』『숨 쉬는도시 꾸리찌바』『나는야 열살시장님』외 다수.

"못 좀 사려구요."
화가 아저씨는 이것저것 만지더니 생각에 잠기는 듯했습니다.
"콘크리트 못, 큰 못, 작은 못, 다 있어요. 어디에 쓰려구요?"
"작품에 쓸 못 좀……"
주인은 화가 아저씨가 골라 놓은 못을 한 웅큼 봉지에 담았습니다. 자랑쟁이 못도 담겼습니다.
'못으로 그림 그릴 리도 없고……'
주인 아저씨는 중얼거렸습니다.
철물점을 나오던 아이도 궁금했나 봅니다.
"아빠, 못으로 어떻게 작품을 만들어?"
"……"
봉지 속에 있던 그 못도 궁금한 마음에 귀를 기울였습니다.
"아빠는 빈 북이 되고 싶어."
"왜요?"
"그래야 깨끗한 소리가 나거든."
아이는 고개를 갸웃거립니다.
"빈 북을 생각하며 작업을 하는 거야."
"이 못을 빈 북처럼 만들거예요?"
"하하! 두고 보면 알아."
"에이, 모르겠다. 전 북채나 될게요."
아이는 북소리를 내며 달리기 시작했습니다.
"둥둥……"

못이 도착한 곳은 사방이 유리로 덮힌 이층 옥상 작업실입니다. 마치 유리성 같았습니다. 작업실 안은 투명하게 보이는 하늘의 별을 이고 있는 듯합니다. 바닥에는 하얀 광목천이 어른 키보다 넓게 펼쳐져 있었고요.

  - 날 어디에 쓰려는 걸까?

신문지 속에 담겨 있는 그 못은 궁금했습니다.
작업실 문이 열리며 아이가 얼굴을 내밀었습니다.
"아빠 작업실에 이 그림 걸까?"
"으음, 좋을 대로 해."
아이는 못을 집어 들었습니다.
- 아니, 많은 못 중에 나를 택하다니. 난 작업에 쓰일 못이야.
못의 마음을 알리 없는 아이는 신나게 못을 박았습니다. 반쯤 들어가던 못이 뚝 부러지는 소리를 냈습니다.
- 아야! 내 허리 내 멋진 몸이 부러지다니.
아이는 부러진 그 못을 유리창 밖으로 집어 던졌습니다. 땅 위에 떨어진 그 못은 속이 부글부글 끓었습니다.
- 운도 없지. 어쩌나 이렇게 부러졌으니.
못은 아이를 원망했습니다. 이렇게 사라져 가는 것이 분해서 눈물이 나왔습니다.
그러나 한 밤이 지나고, 두 밤이 지나고 눈썹 같은 초승달이 자라나서 다시 기울어질 때쯤에는 못의 마음도 달처럼 사위었습니다.
즐겨 자랑하던 그 은빛 몸매는 간 곳 없고, 붉은 녹이 묻어 나는 쓸모 없는 신세가 되어 있었습니다.
- 저 달이 사위면 나도 사라지겠지.
하지만 그런 바람도 못의 뜻대로 되지 않았습니다.
그믐밤이 지나고 다시 초승달이 떠도 그 못은 조금 더 녹슬어 있을 뿐입니다.
새벽 이슬에 젖고, 빗물에 젖어서 못은 조금씩 조금씩 병이 깊어갔습니다.
희망이라곤 눈을 씻고 봐도 찾을 수 없습니다. 입만 열면 자랑하던 철물점 시절이, 오래 전 아름다웠던 꿈속의 일만 같았습니다.

그러던 어느 날입니다.

긴 한숨과 함께 못 위에 담배 꽁초가 떨어졌습니다.
- 앗 뜨거워!
못은 위를 쳐다보며 소리쳤습니다. 핼쑥해 보이는 화가아저씨가 그곳에 있었습니다. 화가는 그 못을 집어들고 작업실로 들어갔습니다.

손안에 담겨진 그 못은 따스한 온기로 잠이 왔습니다. 이젠 아무 바람도 없었습니다. 화가는 그 못을 든 채 화폭을 내려다봅니다. 백년이고, 천년이고 그 모습 그대로 있을 것처럼 꼼짝도 하지 않았습니다.

'으음, 좋아!'
따악 손가락 퉁기는 소리에 못은 눈을 번쩍 떴습니다.

별이 하나, 둘 돋기 시작했습니다.
1층으로 내려갔다 돌아온 화가의 손에는 물조리가 들려 있었습니다.
그는 하얀 천 위에 못들을 올려놓기 시작합니다. 밤이 깊도록 이곳 저곳에
못들을 옮겨 놓았습니다.
별들이 숨어 버릴 즈음에야 자리에서 일어났습니다.
- 난 역시 쓸모가 없어.
그 못은 홀로 신문지 위에 남아 있었습니다.
흰 천위에서 뽐내고 있는 다른 못들을 부러운듯 바라보았습니다.
화가는 물조리를 들더니 그 못을 화폭 가운데 올려놓았습니다.
못은 가슴이 뛰었습니다.
버려져야 할 못이 가장 잘 보이는 곳에 놓여지다니.
다른 못들이 쑥덕거렸습니다.
- 못난이를 가운데 놓다니. 말도 안돼!
화가는 못들을 한참이나 바라보더니 물을 뿌리기 시작했습니다.

- 앗, 차가워 그만, 그만해요. 제발!

그 못은 소스라치게 놀라서 비명을 질렀지만 화가는 전혀 알아듣지 못했습니다.

오히려 그 얼굴은 꽃밭에 물이라도 주는 듯한 표정입니다.

- 어휴, 세상에. 나하고 물하고는 원수인데…
- 에취!

화가가 내려가자 옥상에는 고요가 스며듭니다.
콘크리트 바닥에선 냉기가 올라왔습니다.

- 아니, 도대체 뭘 하려는 거지. 물은 왜 뿌리는 거야. 에…… 에취, 더 빨리 삭아지란 말이야. 그러면 길바닥이나 여기나 뭐가 다르담.

물에 흠뻑 젖은 몸은 으슬으슬 몸살이 나는 것 같았습니다.
하지만 화가는 아랑곳 없이 날마다 물조리를 들고 올라왔습니다.

- 쳇, 내가 뿌리 내려서 꽃이라도 피울 줄 아는 모양이지.

날이 갈수록 못의 투덜거림도 잦아들었습니다. 기운이 쇠해서 뾰족하던 마음까지 삭아 내렸습니다.

햇살이 밝은 날은 따가움에 못의 살갗이 벗겨지는 듯 했습니다. 못은 햇볕에 몇 번이고 기절했지만 물을 뿌릴 때마다 다시 깨어났습니다.

열려진 창문으로 못에게 햇빛이 담깁니다. 바람과 구름도 담깁니다.

그러는 동안, 가까이 보이던 별들이 높다랗게 멀어져 갔습니다.
초록 옷을 벗어버린 나뭇가지 사이로 건너편 풍경이 환히 내다보입니다.

이따금 바람을 타고 날아오는 마른 잎이 옥상의 창을 기웃거리기도 합니다.

그 날은 무수한 안개 꽃송이 같이 하얀 눈이 내리고 있었습니다.
화가는 한참 만에 못을 조심스레 들어내었습니다.

-앗, 따가워! 내 살점이 천에 묻어 안 떨어져.

그 못은 아픔을 참지 못하고 소리를 질렀습니다.

- 저 자국은 우리의 살과 피야.

못은 천 위에 남겨진 녹물을 보며 생각에 잠깁니다.

구름, 바람, 햇살을 담고 은빛 가루를 솔솔 뿌리는 달빛도 담았습니다. 그리고 녹물로 토해냈습니다. 그것은 화폭 위에 핏물처럼 아름답게 수도 놓아졌습니다.

"으음, 됐어"

낮은 신음 같은 소리였지만 그의 눈이 기쁨으로 반짝이는 걸 그 못은 보았습니다.

"아빠, 눈싸움해요."

소리치며 뛰어들어오던 아이가 아빠 등 뒤에서 멈춥니다.

아이도 화폭을 넘겨다봅니다. 녹이 묻어난 자국이 아이 눈에 들어왔습니다.

"하! 멋있다."

아빠는 녹슨 못들을 주섬주섬 거두어 신문지 위에 놓습니다.

"그 못 버릴 거예요?"

"이렇게 작품으로 남았잖아."

"……."

"속이 빈 북이 맑은 소리를 낸다고 했지?"

"예……."

몸 속에 있는 걸 모두 비워버린 이 못도 마찬가지야."

아이는 작품과 빈 못을 번갈아가며 바라봅니다.

"아빠, 가운데 녹물 좀 봐요. 저 그림 속의 핏자국 같아요."

그 못도 아이가 가리킨 벽 그림에 눈이 머물렀습니다.

- 아이가 저 그림을 걸려다 나를 부러뜨렸어. 그런데 그림 속의 사람은 왜 나무에 매달려 있을까? 저런, 손과 발에 못이 박혔네. 아니, 피를 흘리잖아!

그 못은 못 볼 것을 본 것처럼 눈길을 얼른 돌려 버렸습니다. 그러나 자신도 모르게 자꾸 그림 속으로 눈길이 갔습니다.

- 살을 비집고 들어간 저 못, 얼마나 아팠을까.

그림 속의 사람은 여전히 눈을 감고 있습니다. 더 이상 쏟을 것이 없는 창백한 모습으로.

"아빠, 예수님은 이렇게 못박혀 돌아가셨지만 다시 살아나셨잖아요."

아이는 그림 속의 사람을 가리키며 말했습니다.

휴지통에 들어간 못 하나를 꺼내며 아빠는 말씀하셨습니다.

"못은 이렇게 버려지지만 영원히 화폭 위에 살아 있지."

못은 눈을 감습니다.

그리고 마음을 모두었습니다.

- 사위어 버릴 줄 알았는데……

"아빠, 북이 되고 싶다 했죠?"

아이는 방망이를 들고 북치는 흉내를 냅니다.

여전히 창 밖에는 눈이 날리고 있습니다. 어쩌면 저 눈은 다시 태어난 못에게 무수한 안개 꽃다발을 안겨주고 싶어하는 누군가의 마음인지 모릅니다.

북소리가 멀어지면서 아빠와 아이의 발자국이 흰 눈에 덮이고 있었습니다.

제37회(2008) 강원희

종각역에 가면
녹두장군 전봉준을 만날 수 있네

강원희

민초들의 뿌리처럼 엉킨 풀뿌리 상투
부싯돌처럼 빛나는 광휘의 눈빛
녹두장군 전봉준의 마지막 흑백사진

녹두꽃 갈피에 숨어울다 꽃물이 든 그믐달
서울로 호송되는 녹두장군 그림자를 따라와
귀머거리 종이 달린 보신각 지붕위에 몸을 풀었네

지하철 1호선 종각역 6번 출구
순국하신 전옥서터 바람을 깔고앉은 녹두장군
쓰라린 몸 서글픈 넋이 기다리는 곳

우금치를 지나던 잿빛구름
백성들의 소금눈물 싣고 왔는지
녹두장군 전봉준 앉은 채로 빗물에 젖네

투명한 비닐우산 쓰고 지나가던 아이
발길을 멈추다가 찢어진 하늘을 접어
녹두장군 전봉준과 함께 비를 맞네

녹두장군 젖은 옷깃에서 푸드득 날아오르는 파랑새
봄이 오면 녹두장군 상처마다 푸른 싹이 돋겠네

강원희
서울 출생.
아동문학평론 1회 신인상. 계몽아동문학상. 세종아동문학상. MBC 장편창작동화대상.
한정동문학상. 재외동포문학상(시부문 대상)수상

제37회(2008) 강원희

그 별에도 감옥이 있습니까

강원희

'너는 시를 써라, 총은 내가 든다.'
꿈별 송몽규가 사촌인 윤동주에게 말했어요.

동아일보 신춘문예 '숟가락'이 당선되던 그해 꿈별은 기차를 타고 대한민국 임시정부 군관학교를 찾아갔어요.
기차표를 사지 못한 꿈별은 일본 역무원이 표검사를 하자 차창밖에 팔을 드리우고 잠이 든 척 했어요
역무원이 팔을 흔들어 깨우며 표를 보여달라고 하자
'당신이 나를 그렇게 흔드니 놀라서 그만 표를 놓치고 말았소.'

꿈별은 윤동주와 함께 일본 유학을 갔다가 조선인학생민족주의 사건으로 일본경찰에 체포되었어요.
후쿠오카 감옥에서 알 수 없는 주사를 맞은 두 사람은 풋주검이 되어 남의 나라 감옥에서 순국했어요

시인 윤동주지묘
청년문사 송몽규지묘

조국의 하늘, 눈에 밟히던 뭇별들도 그렇게 따라묻혔어요
　무덤의 잔디가 새파랗게 돋아나기도 전에 조국이 해방되었다고 들려오는 만세 소리

　그동안 친구네집 마루밑에 숨겨왔던 윤동주의 시 '하늘과 바람과 별과 시"
　시집을 열면 페이지마다 별이 쏟아지고
　별을 여읜 사람들은 밤하늘 별들을 시처럼 읽는데

　하늘을 우러러 한점 부끄럼없이 살다간 두 청년
　용정의 우물 속에 시린 빛으로 다녀가네요

제37회(2008) 박상재

술 끊은 까마귀

박상재

숲속 마을에 까마귀 까무가 살았습니다. 그는 다른 까마귀들과 떨어져 늘 외톨이로 지냈습니다.
"넌 외롭지도 않니? 무리들과 어울려 함께 살지 않고?"
"혼자는 외로우니까 오손도손 둘이 사는 게 좋지 않니?"
사이가 좋아 보이는 비둘기 한 쌍이 까무를 보고 측은하다는 듯 샐쭉거렸습니다.
"외롭긴 뭐가 외로워. 혼자 살면 다툴 일도 없고, 속이 훨씬 편하지. 숲 속 옹달샘이 마르고 닳도록 둘이 그렇게 정답게 살아 보라지."
까마귀는 앵돌아진 얼굴로 건너편 숲으로 날아갔습니다. 그러면서도 속내로는 외로움을 많이 느꼈습니다.
까무의 머릿속에 가족들의 얼굴이 스쳐지나갔습니다. 가장 먼저 몸져 누워있는 늙은 어머니의 모습이 떠올랐습니다. 빈둥빈둥 놀기만 한다고 바가지만 긁어대던 아내의 얼굴도 떠올랐습니다. 꼬박꼬박 말대꾸를 하며 말썽만 부리던 아들도 생각났습니다.
"다들 싫어. 하나같이 귀찮은 혹붙이들일 뿐이야."
까무는 이렇게 중얼거리며 외로움을 달랬습니다.
까무가 외로움을 달래는 동안 숲속 여기저기에 가을이 피어나기 시작했습니다. 맨처음 자주색 꽃향유와 각시취가 피고, 하얀 구절초

박상재(1956~)
전북 장수에서 출생. 단국대학교 대학원졸업(문학박사)
1984년 한국일보신춘문예 동화「꿈꾸는 대나무」당선
한국교원대학교, 단국대학교 대학원 외래교수, 한국아동문학학회 회장
방정환문학상, 한국아동문학상, PEN문학상, 이재철아동문학평론상, 대한민국인성교육상, 남강교육대상, 황조근정훈장 수상

가 피고 노란 조밥나물꽃이 피어났습니다. 숲속의 나무들도 옷색깔을 바꾸기 시작했습니다. 옻나무가 빨그랗게 물들기 시작하더니, 산벚나무도 저녁놀 빛깔 닮은 이파리들을 선보였습니다. 그런 색깔을 바라볼수록 까무는 새록새록 그리움만 더해갔습니다. 갈꽃들이 하얗게 손짓을 할 때면 고향 숲속 어귀가 떠올라 외로움이 더 진해졌습니다.

"흥, 혼자 사는 게 뭐가 외로워. 무엇이든 내 마음대로 할 수 있으니 얼마나 자유로운지 몰라."

하지만 그렇게 생각하면 할수록 외로움의 골은 더욱 깊어갔습니다. 그런 날 밤엔 잠도 오지 않고 밤새 뒤척이느라 잠을 설쳐야 했습니다.

그런 밤이 지나면 까무는 꼭두새벽부터 일어나 부산을 떨었습니다. 계곡을 헤집고 다니며 사람들이 버리고 간 음식 찌꺼기가 있는지 살피기 위해서였습니다.

숲속 식구들 중 누군가라도 이 꼴을 보았더라면 틀림없이 이렇게 입방아를 찧었을 겁니다.

"어휴, 저 깜씨가 이제 망령이 들었나? 웬 청승을 저렇게 떨고 다닌담."

"그러게 말야. 아침부터 웬 궁상이야. 사람들이 버린 찌꺼기에 눈독을 들이다니…. 저 푼수는 자존심도 없나봐."

하지만 다행이도 아직 까무를 본 숲속 식구들은 아무도 없습니다.

까무가 아침부터 계곡을 쏘다니는 데에는 그럴만한 이유가 있습니다.

지난 여름 비가 많이 내려 계곡물이 많이 흐르던 날이었습니다. 메말랐던 숲에 활기가 넘쳤습니다. 계곡에서는 물소리가 들리고, 숲속 가족들도 덩달아 흥겨운 노래를 불렀습니다.

사람들이 삼삼오오 떼를 지어 계곡으로 몰려들었습니다. 모두들 음식보따리들을 손에 들고 있었습니다.

나무 그늘에 자리를 잡은 사람들은 계곡에서 물놀이를 하기도 하고 발을 담근 채 이야기꽃을 피우기도 하였습니다. 물놀이를 하는 사람들은 주로 아이들이었습니다. 어른들은 숲속 나무 그늘에 돗자리를 깔고 앉아 음식을 먹기 시작했습니다.

사람들이 숲과 계곡을 다 차지하자 숲속 동물들은 뿔뿔이 흩어져 나뭇가지나 바위 틈에 숨어 지냈습니다.

"와, 정말 맛있겠다. 사람들은 먹는 욕심도 참 많지. 저렇게 많이씩 먹어대니까 우리들 먹을 것이 부족한 거야."

늙은 소나무 가지 위에서 입맛을 다시던 청설모가 부러운 듯 중얼거렸습니다.

"그래 사람들은 욕심쟁이야. 우리들의 양식인 도토리까지 다 주워 가지고 가지를 않나, 옹달샘 독차지하고 앉아 낮 동안엔 우리에게 물 마실 기회도 주지 않고. 어휴 목말라."

굴참나무 가지에 앉아 있던 다람쥐도 불평을 쏟아놓았습니다.

숲속 동물들이 이렇게 불평을 늘어놓는 줄도 모르고 사람들은 음식 먹기에만 정신을 팔았습니다.

"자, 한잔씩 하자구. 우리 모두의 발전과 건강을 위하여 건배."

사람들은 들고 있던 술잔을 한 곳에 모아 부딪치더니, '건배'를 소리높이 외쳤습니다.

호기심 많고 참견 잘하기로 유명한 까마귀 까무도 오리나무 가지 위에 앉아서 그 모습을 지켜보고 있었습니다.

"아, 목말라. 나도 사람들이 마시는 저 물이라도 한 모금 마셔봤으면 좋겠다."

사람들은 종이컵에 물을 따라 마시며 음식을 먹었습니다. 그런데 이상하게도 물을 마실 때만은 꼭 다른 사람이 컵에 따라 주는 것을 마셨습니다.

'사람들은 물을 마실 때만은 유난히 더 친절하지.'

까마귀는 이런 생각을 하며 머리를 갸웃거렸습니다.

오랜 시간이 지나도 사람들은 일어날 줄을 몰랐습니다. 시간이 흐를수록 사람들의 목소리가 커졌습니다. 목소리와 함께 웃음소리도 커지고, 말도 많아졌습니다.

얼마 후 한 사람이 맑은 물이 든 작은 종이컵을 들고 자리에서 일어났습니다. 그는 그 종이컵을 들고 비틀거리며 후미진 바위 뒤쪽으로 갔습니다. 이윽고 컵을 바위 위에 올려놓더니 노간주나무 뒤에 오줌을 누고 갔습니다.

무척 목이 말라있던 까마귀는 서둘러 바위 위로 날아갔습니다. 까마귀는 종이컵에 부리를 넣고 정신없이 물을 마셨습니다.

'물 맛이 이상해. 물이 상했나?'

물맛은 씁쓰레하면서 이상한 냄새까지 풍겼습니다. 까마귀 까무는 머리를 갸웃거리며 사람들의 동정을 살폈습니다.

둘러앉아 물을 나누어 마시던 사람들은 큰 소리로 노래를 부르기도 하고 일어나 춤을 추기도 했습니다.

'저 사람들 모두 기분이 좋잖아. 저 물이 상한 것이라면 저렇게 기뻐할 수가 없어.'

까마귀는 언젠가 등산객으로부터 들었던 말을 생각해냈습니다.

'몸에 좋은 보약은 맛이 쓴 법이야.'

까마귀는 자신이 마셨던 물이 몸에 좋은 보약일지 모른다고 생각했습니다. 확실히 까마귀는 기분이 좋아져 있었습니다.

그래서 한 모금 더 마셔보기로 하였습니다. 물을 한 모금 마실 때마다 온몸으로 이상한 기운이 짜르르 퍼지는 느낌이 들었습니다.

해질 무렵이 되자 사람들은 왁자지껄 떠들며 숲 속에서 떠나갔습니다. 까마귀는 마음놓고 컵 속에 있던 물을 다 마셨습니다.

까마귀는 기분이 좋아졌습니다. 마음속에 무서운 생각도 없어졌습니다. 언젠가 자신을 괴롭혔던 너구리도 무섭지 않았습니다. 자신의 목숨을 노렸던 송골매도 충분히 이길 수 있다는 생각이 들었습니다.

까마귀는 고래고래 소리를 질렀습니다.

"나와 봐. 송골매인가, 골빈 매인가 어서 나와 보라구? 한 판 붙자 이거야. 지난번엔 내가 꾹 참았지만, 오늘은 따끔한 맛을 좀 보여 주고 말겠어."

까마귀는 어디서 그런 용기가 생겼는지 자신도 섬뜩 놀랐습니다.

"저 까마귀가 제 정신이 아니군! 못 먹을 것을 먹었나 봐."

청설모가 소나무 가지 위를 연신 오르내리며 중얼거렸습니다. 까마귀가 하도 날뛰는 바람에 불안해서 한 곳에 머무를 수 없었습니다.

"저러다가 정말 송골매가 나타나기라도 하면 어쩔려고 저러지?"

겁이 많은 다람쥐도 안절부절하며 청설모보다 더 걱정을 했습니다.

"이봐요 까무 아저씨, 제발 정신 좀 차려요. 갑자기 왜 그래요, 간이 붓기라도 한 거예요?"

참다못한 개똥지빠귀가 발끈 쏘아붙였습니다.

"그래, 이 개똥아, 간이 부었다. 내 간 붓는데 네가 보태준 것이라도 있어?"

"정말 제 정신이 아니군! 날씨도 맑은데 못 말리겠어."

개똥지빠귀는 할 말을 잃고, 얼른 그 자리를 피해 다른 곳으로 날아갔습니다.

혼자 떠들어대던 까마귀는 아무도 상대를 해주지 않자 풀이 죽었습니다. 그는 개똥지바퀴 둥지를 차지하고 앉아서 꾸벅꾸벅 졸기 시작했습니다. 잠시 후 숲 속에는 드르릉 드르릉 코고는 소리가 울려 퍼졌습니다. 그 소리에 굴 속에서 잠을 자던 오소리가 잠을 깨었습니다.

"무슨 소리야. 누가 이렇게 시끄럽지? 천둥치는 소리는 아니고…. 이제껏 한 번도 들어보지 못했던 소리야."

오소리는 험상궂게 생긴 눈초리를 찌푸리며 소리나는 쪽을 살폈습니다.

'아니, 저 녀석은 까무 아냐? 남의 집을 차지하고 앉아 잠을 자다니. 내 참, 토끼가 방귀 뀌는 소리는 들어봤어도 새들이 코고는 소리는 안 들어봤는데, 까무 저 녀석이 코를 다 골다니 별일도 다 있네.'
　오소리는 잠자는 까마귀를 놀려주려고 개똥지빠귀 둥지가 있는 물푸레나무 밑으로 다가갔습니다.
　"시끄러워 죽겠어."
　벼락치는 듯한 소리에 깜짝 놀란 까마귀는 둥지를 박차고 날아올랐습니다.
　"어휴, 깜짝이야. 벼락맞은 돌멩이를 주워 먹었나 왠 목청이 그리 크지? 빌어먹을 오소리 녀석 때문에 간 떨어질 뻔했네."
　까마귀 까무는 이렇게 중얼거리며 멀리멀리 날아갔습니다.
　그런 일이 있은 후 까무는 사람들이 놀다간 자리를 기웃거리는 버릇이 생겼습니다. 혹시 사람들이 버리고 간 이상한 약물이 있는지 살피기 위해서였습니다.
　까무는 사람들이 많은 곳을 찾아 다녔습니다. 그러다가 무덤이 많은 공동묘지에 사람들이 많이 모인다는 것을 알았습니다. 묘지를 찾은 사람들은 그 곳 무덤 앞에 꽃을 바치기도 하고 음식과 함께 그 이상한 물을 따라 놓고 가기도 했습니다. 까마귀는 사람들이 돌아가기를 기다렸다가 종이컵에 담긴 약물을 마시고 사과와 배 같은 과일도 쪼아 먹었습니다.
　'정말 신기한 약물이야. 먹으면 힘이 솟고 기분까지 좋아진단 말야.'
　사람들이 따라 놓고 간 종이컵의 약물을 마실 때마다 까마귀는 노래를 불렀습니다.
　"까옥, 까옥, 까까옥, 까까락까가 깟깟깟…."
　까마귀는 기분이 좋아 덩실덩실 춤까지 추어가며 노래를 불렀습니다. 그 목청이 어찌나 큰지 모두들 귀를 막을 정도였습니다. 얼마나 노랫소리가 컸던지 땅속에 사는 두더지들에게 까지 그 소리가 들렸습니다.

"어휴, 독사들은 뭐 하누, 저 깜둥이 녀석 숨통을 꽉 끊어 놓지 않고…."

참다 못한 두더지가 굴 밖으로 나와 이렇게 쏘아붙이고 들어갔습니다.

까마귀는 그런 소리는 들은 체도 하지 않고 오직 약물만 즐겼습니다. 그 약물만 마시면 세상 걱정이 하나도 없었습니다. 아무 곳이나 비집고 들어가 잠을 청해도 잠이 잘 왔습니다. 먹을 것 걱정도 없었습니다. 평상시에 부르는 노래보다도 소리가 더 잘 나왔습니다.

어느날 까마귀는 신기한 그 약물의 이름이 술이란 것을 알았습니다. 사람들이 '술 한 잔 하라'며 서로 권하는 말을 들었기 때문입니다.

까마귀는 공동묘지 주변에서 아주 살았습니다. 사람들이 다녀간 묘지 앞을 살피다가 종이컵에 담겨 있는 술이라도 발견하면 너울너울 춤을 추었습니다.

그런 날이 계속 될수록 까마귀의 얼굴엔 상처가 생겼습니다. 돌부리에 걸려 넘어지고, 나뭇가지에 부딪쳐서 상처를 입는 경우가 많아졌습니다. 까마귀의 부리 위 콧잔등이 빨갛게 물들기 시작했습니다.

까마귀는 전날 마신 술에 취하여 묘지 뒤쪽 풀 섶에서 잠들어 있었습니다. 어디선가 희미하게 사람들의 울음소리가 들려왔습니다.

그리 멀지 않은 곳에 새 무덤이 만들어지고 있었습니다.

"에그 원수놈의 술! 하루도 거르지 않고 매일 같이 마셔댔으니. 천하장사라도 견딜 수가 있겠어? 너희들도 아예 술을 끊도록 해라. 너희 아버지의 유언을 지켜야지."

"예, 어머니."

상복을 입은 어머니의 말에 두 아들은 머리를 숙였습니다.

"술 못 마시게 말렸더니, 바가지 긁는다고 싫어하더니만 결국 병을 키운 게야. 에그 식구들보다도 더 좋아하던 그 놈의 술, 죽어서라도 실컷 마시게 한 잔 그득 부어 놓고 가거라."

두 아들은 어머니의 말에 따라 큰 종이잔에 술을 가득 따라 놓고 갔습니다.

그 모습을 물끄러미 지켜보고 있던 까마귀 까무는 술마시고 싶은 마음이 싹 달아났습니다. 문득 고향 마을에 두고 온 어머니와 가족들의 얼굴이 스쳐 지나갔습니다.

'그 술이라는 게 도깨비국물이구나. 사람들도 끊으려는 술을 더 이상 마셔서는 안 되겠어. 그런데 어머니의 병세는 어떻게 되었을까? 내 대신 아내가 잘 보살피고 있을까? 까악까악 까까악…'

어머니 생각에 갑자기 코끝이 찡해지며 그리움이 밀려들었습니다. 눈물이 왈칵 솟구쳐 부리를 타고 방울방울 흘러내렸습니다.

까무는 가을이 더 깊기 전에 그리운 가족이 있는 고향의 숲속으로 돌아가야겠다고 생각했습니다. 가을 산 공동묘지 위로 까무의 구슬픈 울음소리가 가랑잎처럼 울려퍼졌습니다.

제38회(2009) 이복자

생각이 물만큼

이복자

호수가 생각에 잠겼다.

하늘도 구름도 생각에 잠긴다.

이따금
물고기가 생각을
팔딱 튕긴다.

잠자리가 생각을
콕 콕
쪼아 먹는다.

그래도 호수는 생각에 잠긴다.

물만큼 생각이 깊어
생각도 물만큼 깊다.

이복자
1954년 강원도 강릉 출생. 1994년 『아동문학연구』 동시, 1997년 『시마을』 시 등단.
2009년 38회 한정동아동문학상 수상
동시집 「삐딱한 윙크」,「참나무가 나에게」,「나는 항해 중」,「참 아름다운 동시」외 3권
이복자노랫말동요곡집 「콩닥콩닥 두근두근」 외 1권
시집 「얼굴, 잘 모르겠네」외 6권
대한민국동요대상, 한국아동문학작가상, 김영일아동문학상 외

제38회(2009) 이복자

고목

이복자

뻗은 가지들 키우느라
꺼칠해져서

'숨 쉬는 동안은
꽃 피우고 열매 맺는 법
잊지 말아야지.'

등 굽어도
치매 안 걸리려 애쓰는
할아버지다.

제39회(2010) 민현숙

씨앗 품기

민현숙

옛날, 아주 먼 옛날

곡식이나 풀이나
제멋대로 나서
제멋대로 질 때에
땅은 힘들었겠다.

그 많은 씨앗
알아서 한꺼번에 품어 주기
품은 그 씨앗
눈 뜰 때 미리 알아
잠 깨워 주기

농부가 그걸 알고
계절에 맞는 씨앗
가려두었다가
흙의 품에 안겨주었지.

아가를 재우듯
흙 속에 다독여 묻고
그 긴 겨울날의 꿈을
푸르게 엮으라 했지.

민현숙
1989년 소년중앙문학상 동시 당선
동시집 『물 긷는 해님』 『훌라후프를 돌리는 별』 『시계가 말을 걸어서』등
1998년 한국아동문학상 수상
출처 : 동시문학회 카페

제39회 (2010) 민현숙

쓰르라미

민현숙

쓰르라미 한 마리가
자귀나무에 날아와
쓸쓸쓸 웁니다.

그 소릴 듣고
어디서 날아왔는지
뒤따라온 쓰르라미 한 마리가
쓸쓸쓸 박자를 맞춰 줍니다.

처음 부르던 노래와
조금도 달라진 건 없는데
쓸쓸쓸 쓸쓸쓸
쓰르라미 노랜
더 이상 쓸쓸하지 않습니다.

제39회 (2010) 강용숙

파도 타고 찾은 고향

강용숙

　나는 생수를 담았던 1.8리터짜리 플라스틱 페트병이야. 내가 커다란 비닐봉지에 담겨 실려 간 곳은 폐품들이 쌓여있는 쓰레기장이었어. 더 자세히 말해볼까? 크고 작은 생수 페트병. 여러 가지 주스를 담았던 플라스틱 병들. 음식물들을 담았던 일회용 그릇. 커피용기. 스티로폼 상자. 통조림 캔 등이 쌓인 곳이었지. 쓰레기들이 어마어마하게 높은 산을 이루고 있더라니까. 날씨가 더워지니 쓰레기들 위에는 온갖 날벌레들이 제 세상 만난 듯 윙윙 날아다녔어. 내 밑에 있던 일회용 샐러드 그릇은 괜히 짜증을 부리지 뭐야.
　"야아 페트 병, 너 좀 비킬 수 없어? 내 위에 얹혀 있으니 답답해 죽겠다."
　나는 느긋한 목소리로 대답했지.
　"내 마음대로 움직일 수 있음 내가 왜 여기 있겠냐? 미안해."
　다 찌부러진 콜라 캔은 연신 신음소리를 내는 거야.
　"아이구, 옆구리 아파. 음료수를 마실 땐 좋다고 먹고 나선 왜 옆구리를 찌부러트리는지 몰라. 그냥 두면 잘 굴러다닐 텐데."
　해질녘 바람이 장난치기 시작했어. 환자처럼 널브러져 있던 폐품들은 바람이 들쑤시자 몸을 뒤척이기 시작했지. 어떤 애는 비행기가 되어 하늘을 쑹 날아다니다가 곤두박질치고, 어떤 애는 나가떨어지

강용숙
1991년 아동문학연구로 등단. 「동화속에 맑은 생각이 퐁퐁퐁」「여우네 학교가기」「예쁜마음 동시생각」, 「냐옹이 언니」「땡큐 땡큐 곱빼기 땡큐」 외 다수.
한국아동문학 작가상, 한국아동문학 창작상, 한정동아동문학상 39회, 김영일 아동문학상, 선사문학상, 강서문학상 대상, 수상.

면서 돌에 부딪혀 '아야야' 비명을 지르기도 했어. 커피 캔은 또르르, 또르르 굴러다니면서 '와, 모처럼 운동하는 기분 괜찮은데.' 라고 낄 낄거리더라고. 나는 한참을 이리저리 굴러다니다가 풀밭에 쳐 박히고 말았어. 온몸이 욱신거리고 아팠지. 꼼짝 못하고 가쁜 숨만 쉬고 있는데 옆에서 말소리가 들려왔어.

"쓰레기 산에서 본 페트병이네. 반갑다."

나는 소리 나는 쪽을 쳐다봤어. 오렌지 주스 병이었지.

"물병이 다 똑같은데 어떻게 알아봤어?"

"흠, 난 관찰력이 예리하거든. 네 몸에는 시원한 폭포그림이 있어."

내가 심드렁하게 대답했어.

"그래? 난 내 몸을 볼 수 없으니 몰라."

비가 내리기 시작했어. 풀밭에 처박혀 있던 나는 물줄기를 따라 강으로 흘러갔어. 오렌지 주스 병. 커피 캔도 함께였어. 우리는 강가 풀들 사이에 머물러 있기도 하고 물살이 세게 떠 밀면 앞으로 나아가기도 했어.

며칠 후, 나는 어떤 해안가에 닿았어. 해안가에는 온갖 플라스틱 용기들 말고도 바다 양식장에서 쓴다는 공이나 스티로폼들이 엄청 많았어.

파도는 변덕쟁이인가 봐. 어떤 날은 엄마 손길처럼 부드럽다가도 어떤 날은 성난 사자처럼 으르렁대며 해안을 마구 할퀴는 거야. 힘없는 우리는 파도의 꼭두각시가 되어 있었어. 또 거친 바람이 불기 시작했어. 나는 이런 바람이 정말 싫더라. 바람의 소용돌이 속에 휘말리면 거의 죽음이거든. 며칠 동안 성난 파도가 하늘에 닿을 듯 했어. 처음엔 파도타기가 신난다고 좋아하던 친구들도 나중에는 비명을 지르며 까무룩 정신을 잃곤 했지. 미친 듯 날뛰는 파도 속에서 몇 날을 보냈는지 몰라. 정신을 차려보니 낯선 곳이었어. 내 몸은 너덜너덜 찢어져 예전의 날씬하고 깔끔했던 모습은 찾아볼 수 없지. 해안을 따라 푸른 나무들이 우뚝우뚝 서 있고 알록달록 예쁜 꽃들이 보였어.

파도가 살금살금 다가와 금빛 모래사장을 간지럽히고 달아나는 평화로운 곳이더라. 혹시 여기가 천국이 아닐까? 나는 단 번에 이곳이 마음에 쏙 들었어. 그런데 이게 웬일이야? 나처럼 그곳까지 떠밀려온 플라스틱 폐품들이나 비닐쓰레기들이 산처럼 쌓여 있는 거야. 모두 파도에 얼마나 시달렸는지 패잔병들처럼 상처투성이였어.

파란 하늘에 하얀 구름이 뭉게뭉게 피어오른 아침이었어. 아름다운 음악소리와 함께 멋진 배가 나타났어. 배에는 긴머리에 우아한 원피스를 입은 아가씨와 호위하는 사람들로 보이는 남자들이 타고 있었지. 아가씨는 바다를 향하여 '호르르, 호르르' 신호를 보냈어. 그 소리에 바다 속에서 작고 큰물고기들이 펄쩍펄쩍 뛰어 올랐어. 마치 인사를 하듯 꼬리를 흔들면서 말이야. 그런데 세상에! 커다란 돌고래, 사납기로 소문 난 상어도 있었어. 돌고래나 상어가 해변에 나타나면 사람들은 기겁을 하며 도망가잖아? 하지만 이 섬사람들은 늘 있는 일인 듯 놀라지 않더라고. 아가씨가 손나팔을 만들어 말했어.

"얘들아, 좋은 아침이야. 잘 잤니? "

물고기들이 뛰어오르며 연신 꼬리를 흔들었지.

"공주님도 안녕!"

아하! 아가씨는 바로 이 섬의 공주님이었어. 공주는 바다에 나와 물고기들과 인사하는 것을 좋아하나 봐. 한눈에 물고기들을 사랑하는 마음이 느껴졌어. 공주가 갑자기 우리를 가리키며 물었어.

"그런데, 저 지저분한 쓰레기들은 뭐죠?"

옆에 서 있던 한 남자가 공손히 머리를 숙이며 대답했지.

"공주님, 엊그제 폭풍에 밀려온 쓰레기들입니다. 치워도 치워도 자꾸만 밀려와요. 우리 섬이 쓰레기에 파묻힐까 봐 큰 걱정입니다."

다른 남자도 말했어.

"최근에 죽은 물고기들이 해안으로 밀려오고 있어요. 전문가들은 바다가 오염되어 물고기들이 죽고 있다고 합니다. 엊그제는 백상어가 커다란 비닐을 뒤집어 쓴 채 해안에 쓰러져 있기도 했답니다."

해맑던 공주님의 얼굴이 어두워졌어.

"이를 어쩌면 좋아요. 어디서 이런 쓰레기가 오는 건지 알아보세요. 쓰레기가 오지 못하도록 막아야죠."

신하들은 외국어를 잘하는 학자들에게 쓰레기들이 어느 나라 것인지 물었어.

"이것은 동쪽에 있는 한글나라의 글자입니다. 한글나라 물건들이 이곳까지 온 것이죠."

신하가 고개를 갸웃거렸어요

"한글나라라면 까마득히 먼 곳 아니요? 어떻게 그 먼 곳에서 여기까지 밀려왔단 말이요?"

"지구는 둥글어요. 파도를 타고 돌고 돌아 이곳까지 밀려 온 거죠."

공주는 성격이 급한가봐. 다짜고짜 한글나라로 가겠다는 거야.

"한글나라 대통령에게 내가 직접 가서 이야기 해야겠어요."

나는 부끄러운 짓을 한 것처럼 얼굴을 들 수가 없었어. 우리나라에서는 누구나 일회용품을 쓰잖아? 그런데 공주님은 우리가 나쁘다는 거야. 내 주변에 있던 플라스틱 폐품들도 종알댔어.

"여기 오니 우리가 천덕꾸러기가 됐어. 한글나라에선 인기 짱인데 말이야."

내가 말했어.

"그러게. 난 나를 만든 나라로 도로 가고 싶어. 일회용품 천국이잖아."

다른 친구들이 씰룩씰룩 비웃었어.

"꿈 깨라. 그런 기적은 없어. 우리는 여기가 어딘지도 모르고 파도에 밀려왔을 뿐이잖아?"

그 말이 맞긴 해. 나는 푸른 하늘을 쳐다보며 한숨만 쉬었어. 그 때, 내 옆에 있던 동전만한 플라스틱이 말했어.

"나는 나침판이니까 찾아갈 수 있어. 동쪽은 저쪽이지. 그런데 파도를 이길 힘이 없다는 게 문제야. 나도 한글나라로 가서 내 주인 민이를 만나고 싶은데."

민이는 나침판을 참 좋아했는데 어느 날 잃어버렸다는 거야.

공주는 한글나라를 찾아가서 대통령에게 말했다는군.

"대통령님! 아름다운 우리 섬이 온통 플라스틱 쓰레기로 뒤덮여 있습니다. 조사해 보니 한글나라에서 버린 물건들이네요. 이 쓰레기는 대통령 나라 것이니 다 가져가시고 앞으로 절대 우리 섬에 오지 않도록 잘 관리해주시기 부탁합니다."

한글나라 대통령은 부리부리한 눈을 굴리며 딱 거절했대.

"우리 국민들은 편리한 일회용품 사용하는 것을 참 좋아해요. 한 번 쓰고 버리면 설거지를 안 해 물도, 세제도, 시간도 절약되지요. 대신 다른 일을 많이 할 수 있어요. 덕분에 우리나라는 일회용품을 쓰는 세계 일등나라가 된거 아닙니까. 핫 핫 핫! 세계 일등! 얼마나 자랑스럽습니까?"

공주는 파르르 화를 냈다지.

"플라스틱은 오백년이나 썩지 않고 환경을 오염시킨다면서요? 대통령님만 편하게 살면 되나요? 우리 후손들이 온갖 병에 걸려 죽으면 좋아요? 한글나라 때문에 이웃나라도 고통 받고 있다고요."

한글나라 대통령은 입을 꽉 다물고 고집스럽게 고개를 흔들었다는군.

"뭐, 내가 편한 게 아니라 국민이 편한 거요. 만일 내가 플라스틱 용품을 사용하지 못하게 하면 국민들은 나를 쫓아내려고 할 테지. 내 대통령 자리가 위태로워져 어쩔 수 없어요."

공주는 울면서 돌아오고 말았대.

해안가에서 며칠은 평안했어. 그런데 어느 날, 고래 한 마리가 해안가로 나오더니 큰 몸을 파닥거리며 신음하는 거야. 고래는 잠시 후 무언가를 꽥꽥 토해냈지. 토하는 소리가 얼마나 요란하던지 가까이 있던 쓰레기들이 저만큼 날아가 버릴 정도였어. 고래가 토해 낸 것은 플라스틱 통. 빨대. 스티로폼 조각 같은 거였어. 플라스틱 통에는 한

글이 선명하게 보였어. 섬사람들은 전쟁이라도 난 것처럼 무서워 벌벌 떨었어. 나는 파도에게 졸랐어.

"나 같은 플라스틱 쓰레기들은 이 아름다운 섬에 있으면 안 돼. 나를 한글나라로 데려다 줘."

파도가 말했어.

"내가 무슨 수로? 바다에서는 바람이 짱이야. 조금 기다려 봐. 거대한 태풍이 밀려오면 한 방에 너희들을 먼 곳까지 가게 할 수 있으니까."

파도의 말은 정말이었어. 어느 날 어마어마한 바람과 함께 파도가 미친 듯 날 뛰기 시작했어. 섬의 나무가 뿌리 채 뽑혀 쓰러지고 나뭇잎으로 엮은 지붕들이 종이처럼 날아 다녔어. 나와 플라스틱 폐품들은 미친 파도에 밀려 다시 바다 한복판으로 나갔어. 롤러코스트를 탔을 때 이런 느낌일까? 회오리바람에 돌돌 말려 하늘에 올라갔을 때 내 몸은 완전 반쪽이 되어버렸지. 그런데 신기한 일이 생겼어. 조그만 나침판이 찢겨진 내 몸 안에 쏙 들어와 있는 거야. 나침판은 소리쳤어.

"고향으로 가자구. 이쪽이 동쪽이야. 파도가 높이 뛸 때 동쪽으로 몸을 틀어 봐."

"이렇게?"

"그래. 맞아. 계속 입부리를 동쪽으로 향하도록 해 봐. 그러면 한글나라에 닿을 수도 있을 거야."

나침판은 계속 '동쪽! 이쪽이 동쪽이야.' 라고 소리쳤어. 나는 나침판이 하라는 대로 동쪽으로 나아가려고 기를 썼지. 적어도 정신을 잃기 전까지는 말이야.

마술처럼 파도가 잔잔해 지던 날, 정신이 들고 보니 해안가였어. 햇볕에 만신창이 된 몸을 말리고 있는데 검은 자동차들이 줄지어 나타났어. 한무리의 남자들이 우리가 있는 해안으로 내려왔어. 한 남자가 정중한 목소리로 말했지.

"대통령님, 이 지역이 태풍 피해가 가장 심한 곳입니다. 청정한 지역이었는데 이번 태풍으로 해안도로가 다 파손되어 길이 끊기는 큰 피해를 입었습니다."

대통령이 목소리를 높였어.

"도대체 저 쓰레기들은 어디서 온 거요? 당장 알아보고 그 나라에 항의 하세요. 쓰레기 처리를 똑바로 하라고요."

조금 후, 다른 남자가 와서 얼굴을 붉히며 말했어.

"대통령님! 그게…… 저어…"

"뭐요? 답답하게 굴지 말고 어서 말씀을 해 보세요."

"저기 그러니까 그게…… 저 폐품들은 우리나라 제품이랍니다. 해외에 나갔다가 고향을 찾아 왔나 봅니다. 참 신기한 일입니다."

대통령이 얼굴을 찡그리며 혀를 찼어.

"쯧쯧쯧, 전에 왔던 섬나라 공주가 일부러 태풍에 실어 보낸 것 아니요? 너희 나라 것이니 가져가라면서 말이오."

세상에 이런 일이! 기적이 일어난 거야. 길도 없는 바다를 떠다니다가 어떻게 다시 제 자리로 올 수가 있어? 둘러보니 모두들 파도에 몸이 부서져 온전한 몸이 없었어. 아, 있다! 나침판은 물이 조금 들어갔을 뿐 내 몸 안에 그대로 있었어. 나침판이 콜록거리며 말했어.

"히야, 참 대단하지 않니? 파도를 타고 고향을 찾아 왔으니 말이야. 난 이제 우리 민이를 만나는 꿈을 꾸고 싶어. 가능할까?"

나는 힘 있게 고개를 끄덕여 주었지.

"당근이지. 꿈은 꾸라고 있는 거니까."

앞으로 난 이곳을 떠나지 않을래. 내 수명이 오백년쯤 된다니 내 고향 한글나라에서 길이길이 살 수 있겠지? 아, 이렇게 편안 할 수가!

제40회(2011) 김율희

소나무 초록이의 빨간 신발

김율희

높고 높은 꼬부랑산, 깊고 깊은 꼬부랑 숲 속 나무마을에 어린 소나무, 초록이가 살고 있었어요. 초록이는 태어난 후 아기 나무 때부터 이상한 꿈을 꾸기 시작한 아주 특별한 나무였어요. 정말 이상한 꿈이었죠. 숲 속에 사는 나무들이 지금까지 한 번도 꾸어보지 않았던 꿈, 그 꿈은 바로 신발을 신고 걸어 다니고 싶다는 꿈이었어요.
"엄마, 멋있는 신발 하나만 구해주세요."
엄마는 깜짝 놀랐죠.
"신발이라니…… 우리는 신발 신을 일이 없단다. 애야, 그런 생각은 아예 말아라."
엄마에게 한참 꾸중을 들은 초록이는 이번에는 아빠를 졸랐어요.
"아빠, 멋있는 신발 하나만 구해주세요."
아빠도 깜짝 놀랐죠.
어렵게 낳은 아들 초록이가, 기대를 잔뜩 하고 있는 초록이가 이상한 소리를 하는 것에 충격을 받아 화를 버럭 냈어요.
"지금 무슨 말을 하는 거니? 말도 안 되는 소리 하지 말고 심심하면 책이나 읽으렴."
아빠, 엄마에게 거절을 당한 초록이는 풀이 팍 죽었어요.
'내가 정말 이상한 생각을 하는 걸까?'
하지만 꼬부랑산을 돌아 꼬부랑 숲, 나무마을에 오는 사람들이 색

김율희
1961년 출생
1986년 《현대시학》추천완료
동화집: 『책도령은 왜 지옥에 갔을까?』 『책도령과 지옥의 노래하는 책』, 『도깨비 쌀과 쌀 도깨비』 『거울이 없는 나라』 『열두 살 이루다』외 다수
수상: 한국아동문학작가상, 한정동아동문학상, 문체부장관상 외
한정동문학상- 2011년 제40회 수상

색가지 예쁜 신발을 신고 여기저기 걸어 다니는 모습을 보면 부러워서 죽을 지경이었습니다.

'어떻게 하면 나도 저 사람들처럼 신발을 신고 걸어 다닐 수 있을까'

초록이는 밥도 먹지 않고, 잠도 자지 않고 생각에 잠겼습니다.

그러던 어느 날, 이 꼬부랑산의 산신령이 흰 구름을 타고 빨간 신발을 신고서 초록이네 마을로 내려왔어요. 일 년에 한 번씩 있는 마을회의 때문이었죠.

산신령을 만난 초록이의 아빠, 엄마는 도움을 청했습니다.

"산신령님, 저희를 좀 도와주세요. 우리 아들 초록이가 이상한 말을 자꾸 하네요. 글쎄… 신발을 신고 걸어 다니고 싶대요. 다시는 이상한 말을 하지 않도록 이 아이에게 큰 가르침을 주십시오."

산신령은 초록이에게 부드러운 목소리로 물었습니다.

"정말이니? 네가 신발을 신고 싶다고……."

산신령을 만났을 때부터 빨간 신발만 쳐다보던 초록이가 산신령에게 간절하게 말했습니다.

"산신령님, 저도 신령님처럼 빨간 신을 신게 해주세요. 그리고 걸을 수 있게 해주세요."

"어허 그 녀석, 내 지금껏 몇백 년을 살았다만 너처럼 신발을 신고 걷고 싶다는 나무는 처음 보는구나. 정말로 신발을 가지고 싶은 게냐?"

산신령은 흰 머리카락을 휘날리며 인자한 눈빛으로 물었습니다.

"예. 정말로 갖고 싶다니까요. 저는요… 이 숲을 돌아다니며 사슴이랑 토끼랑 꿩이랑 곰이랑, 그리고 다른 나무들이랑 친구를 하고 싶어요."

옆에서 보고 있던 아빠 나무와 엄마 나무가 다시 큰 소리로 말했습니다.

"산신령님, 초록이가 제발 신발 신을 생각을 하지 못하게 해주세요."

그러나 산신령은 아빠, 엄마 나무의 말에는 대꾸도 하지 않은 채 초록이에게 말했습니다.

"그럼… 말이다. 내 고민을 해결해주면 네 소원을 들어주마."

초록이는 뛸 듯이 기뻤습니다.

"정말이요? 무슨 고민을 갖고 계세요? 저한테 다 털어놓으세요."

"응. 얼마 전부터 이 숲속으로 이사 온 오색딱따구리가 하루 종일 나무를 쪼아대는 통에 내가 잠을 못 이루겠구나. 네가 그 딱따구리를 좀 설득해다오. 나무 쪼아대는 소리에 머리가 아주 많이 아파. 음악 소리라면 또 모를까……."

꼬부랑 산신령은 초록이에게 말을 마치자마자 다시 흰 구름을 타고는 금방 그 자리를 떠났습니다. 아빠, 엄마 나무는 어안이 벙벙해서 산신령이 사라진 하늘만 멀거니 쳐다보았습니다. 그러나 초록이는 신이 났습니다.

초록이는 곧 바람 아저씨에게 그 오색딱따구리한테 전보를 쳐달라고 부탁을 했지요. 그리고 며칠 동안 기다리고 또 기다렸습니다.

그러다 지친 초록이가 어느 날, 낮잠에 빠져 드르렁거리고 있을 때, 갑자기 온몸을 쪼아대는 간지럼과 시끄러운 소리에 놀라 눈을 번쩍 떴습니다.

"아함… 어! 오색딱따구리다. 왜 이제야 왔니? 널 얼마나 기다린 줄 아니?"

초록이는 호들갑을 떨었습니다.

그때 마침 초록이 몸 중간쯤에서 노랑머리해충을 맛있게 잡아먹고 있던 오색딱따구리가 초록이를 바라보았습니다.

"아! 깨어났구나. 네가 날 기다린다기에 왔어. 무슨 일 있니?"

초록이는 해맑은 눈빛을 반짝이며 고개를 끄덕였습니다.
"응. 그런데 넌 왜 그렇게 바쁘니?"
오색딱따구리는 초록이를 바라보더니 한숨을 푹 내쉬었습니다.
"내가 이 꼬부랑 숲으로 이사를 왔더니 이 숲 속에는 노랑머리애벌레들이 너무 많아. 너희들은 모르겠지만 그 애벌레는 굉장히 빨리 자라는 무서운 녀석들이야. 내가 부지런히 잡아먹지 않으면 녀석들 때문에 너희들은 다 말라 죽게 돼. 그러니 밤낮을 가리지 않고 일할 수밖에 없는 거라고."
"그렇구나. 네가 정말 애쓰는구나. 그런데 산신령님이 그 소리 때문에 머리가 많이 아프다는데 어떻게 하면 좋겠니?"
"글쎄… 난… 산신령님이 그렇게 힘들어하시는 줄 몰랐어. 그렇다고 내가 노랑머리애벌레를 잡으러 구멍을 안 뚫을 수도 없고… 어떡하지."
초록이와 오색딱따구리는 둘 다 머리를 맞대고 궁리를 했습니다. 그러기를 몇 시간째! 초록이가 마침내 소리를 질렀습니다.
"아! 이렇게 하면 되겠다!"
"어떻게?"
오색딱따구리가 눈을 말똥거리며 초록이에게 얼굴을 들이밀고 물었습니다.
"합창단을 만드는 거야. 나무와 오색딱따구리의 합창! 멋있지 않니? 우리 모두 즐거워질 거야. 물론 꼬부랑 산신령님은 머리가 안 아플 거고 말이야."
"합창단을 어떻게 만들어?"
"너와 내가 힘을 합치면 충분히 할 수 있어. 우선 너는 먼저 살던 산으로 가서 함께 살던 오색딱따구리들에게 연락을 해. 이 꼬부랑 산으로 이사 오라고 말이야. 먹이도 많고 재미있는 일이 있을 거라고. 난 나무들에게 도움을 청할 거야. 우리 모두 아름답고 신나는 숲을 만들어보자고요!"
오색딱따구리는 곧 초록이를 떠났습니다.

초록이는 수많은 편지를 써서 바람 아저씨에게 부탁했어요.

"아저씨, 이 편지들을 우리 숲속의 이웃 나무들에게 전해주세요. 급하답니다. 부탁드려요."

바람 아저씨는 숲속 이곳저곳을 날아다니며 초록이의 편지를 전해 주었습니다.

편지의 내용은 이러했습니다.

"꼬부랑 숲속 마을에 사는 사랑하는 나무 여러분께!

새로 이사 올 오색딱따구리 가족과 함께 꼬부랑 합창단을 만들려고 해요. 산신령님이 딱따구리 소리 때문에 잠을 못 주무셔서 며칠간 힘들어하셨어요. 그러나 우리 꼬부랑 숲 합창단이 만들어지면 우리 숲은 매일 매일 음악이 넘치는 숲이 될 거예요."

초록이의 편지를 받은 숲 속의 나무들은 모두 모두 대찬성이었어요. 안 그래도 새로 이사 온 딱따구리 소리 때문에 머리가 많이 아팠거든요. 물론 해충을 잡아주어 고맙기는 했지만 말예요.

며칠 후에 꼬부랑 산 오색딱따구리의 연락을 받은 많은 가족들과 이웃들이 이 꼬부랑 숲 속으로 몰려들었습니다. 증조할아버지 딱따구리에서부터 할아버지, 할머니, 엄마, 아빠, 누나, 동생, 삼촌, 이모, 고모, 사촌들에 이르기까지. 어휴… 대가족이 이사 왔습니다. 게다가 그들의 친구들까지도 이사를 왔어요.

초록이는 그들에게 말했습니다.

"이제 우리 나무들과 오색딱따구리 가족은 한마음이 되어야 합니다. 우리들과 함께 노래를 해요. 여러분이 벌레를 잡을 때 우리들을 '딱딱딱' 쪼잖아요. 그때 아무렇게나 쪼지 말고 우리 나무들을 악기로 여기는 거지요. 그리고 여러분들은 연주자가 되는 거고요. 이렇게 힘을 모아 노래를 부르고 음악을 연주해요."

아빠, 엄마 나무는 그렇게 말하는 초록이가 대견해서 싱글벙글 웃기만 했어요.
"저 녀석 다 컸네……."

그 후, 숲속에서는 매일 꼬부랑 합창단의 맑고 아름다운 노랫소리가 울려 퍼졌습니다. 물론 처음에는 모두들 제멋대로 '딱딱딱' 소리를 냈지요. 하지만 초록이의 응원과 오색딱따구리들이 마음을 모으자 노랫소리는 차츰 변화하기 시작했어요. 그리고 얼마 후, 정말 놀라운 일이 벌어졌어요. '딱딱딱' 시끄러웠던 소리가 모두모두 마음을 합치니 높고 낮은 소리, 거칠거나 부드러운 소리, 쾌활하거나 묵직한 소리, 가늘고 맑은 소리나 탁하지만 매혹적인 소리들이 조화를 이루어 정말 아름다운 노랫소리가 되었어요. 소리의 아름다운 기적이 일어나게 된 것이랍니다.
마침내 꼬부랑 산신령과 나무들은 밤에 편안하게 잠을 청할 수 있게 되었습니다. 꼬부랑 산신령의 두통은 어떻게 되었을까요? 물론 머리가 맑아졌겠지요. 이제는 초록이가 빨간 신발을 상으로 받을 일만 남았네요.

초록이는 목을 쭉 빼고 이제나저제나 하고 산신령을 기다리고 기다렸습니다. 그러던 어느 날 늦은 오후, 꼬부랑 산신령은 그 빨간 신을 신고 짠! 초록이 앞에 나타났습니다.
순간 초록이는 긴장했습니다. 산신령이 어떻게 얘기할까 걱정이 되었기 때문이지요.
"초록아……."
초록이는 침을 꿀꺽 삼켰습니다.
"애썼다."
순간 초록이의 얼굴이 환하게 밝아졌습니다.
산신령은 품 안에서 빨간 신발을 내밀었습니다.
"내 이걸 만들어오느라고 좀 늦었느니라. 내가 만든 것이니 잘 신어야 한다."

초록이는 곧 입이 함지박만 해졌습니다.

"예 고맙습니다, 고맙습니다. 그런데 저는 나문데 어떻게 걷지요?"

"걱정 말아라. 이 신을 신게 되면 이제부터 걸어 다니고 뛸 수도 있게 될 거야."

옆에 서 있던 아빠, 엄마 나무는 한숨을 푹 내쉬었지요. 초록이가 온 사방 천지로 돌아다닐 것을 생각하니 걱정이 되었던 거지요.

"그런데 말이다. 한 가지 주의할 것이 있단다. 이 신발은 밤에만 신어야 한다. 사람들 눈에 뜨이면 내가 곤란해지거든. 알았느냐? 게다가 또 빨간색 신발이지 않니? 너무 튄다. 튀어."

초록이는 고개를 끄덕이며 알았다고 씩씩하게 대답했습니다.

"걱정하지 마셔요. 밤에만 신을게요."

꼬부랑 산신령은 곧 사라졌습니다.

그날 밤부터 초록이는 빨간 신을 신고 온 숲 속을 돌아다녔습니다. 한 번도 걸어 다닌 적이 없다가 온 숲을 돌아다니니 얼마나 신이 났겠어요? 얼마나 기분이 좋았겠어요? 하지만 초록이는 아침이면 어김없이 아빠, 엄마의 곁으로 돌아와 씩씩하게 그 자리를 지키며 서 있었답니다.

그런데 말에요. 그날 밤부터 이 숲 속, 저 숲 속에서 음악소리가 들리지 뭐에요. 숲 속의 모든 동물들과 나무들을 위하여 초록이가 글쎄 '한밤의 음악회'까지 연다고 하네요. 빨간 신을 신고 직접 지휘도 하고요. 나무들과 오색딱따구리들과 사슴과 꿩과 곰과 함께요. 꼬부랑 산신령도 그 음악소리에 잠을 잘 잤다고 하더라고요.

그래서 그런가요? 그 꼬부랑산 깊은 숲 속에 가면 꼬부랑 숲이 노래하는 아름다운 소리를 들을 수 있다지요.

꼬부랑산, 꼬부랑 숲 속에 사는 빨간 신을 신은 초록이가 정말로 보고 싶어요. 여러분도 그렇지요?

제41회(2012) 박길순

전학

박길순

짝이
전학을 갔다

눈물이 나왔다

울지 않으려고
입술을 깨물었다

집에 둔
선물도 그대로 있는데,

온종일
눈물이 났다

박길순
1943년 청주 출생 1991년 조선일보, 충청일보 신춘문예 동시 당선. 『동시가 맘을 울려요』, 『마음이 꽃핀 동시』 등.l 한국청소년문학상 대상, 한국아동문학작가상, 한국동시문학상, 김영일아동문학상, 박화목아동문학상, 한정동아동문학상

제41회(2012) 박길순

꽃

박길순

바람이 불어도 좋아요
바람이 낮잠 자면 더 좋아요

해님이 내리쬐어도 좋아요
해님이 한눈팔면 더 좋아요

비가 쏟아져도 좋아요
비가 그치면 더 좋아요

별님이 반짝거려도 좋아요
별님이 속삭이면 더 좋아요

제42회(2013) 이선영

맞구나 맞다

이선영

엄마 아빠 만나서
내가 태어나기 전에

아빠네 엄마 아빠는
아빠를 낳고
엄마네 엄마 아빠는
엄마를 낳고

할아버지 할머니가
못 만나셨다면
어디에 계셨을까?
우리 아빠 엄마가

우리 엄마 아빠가
못 만났다면
어디에 있었을까
나와 동생은

세상에
내가 있다는 건
아슬아슬한 행운이야

난 정말로
준비된 귀한 선물이
맞구나 맞다.

이선영
경북 안동출생, 1984년《동서문학》시 당선, 1994년《한글문학》동시 신인상, 1995년《아동문학평론》동시 신인상, 저서 동시집『꽃잎 속에 잠든 봄볕』,『맞구나 맞다』. 점자겸용 동시집『아주 큰 부탁』, 시집『유리 벽화』등. 〈영남아동문학상〉,〈한정동아동문학상〉수상, 대구문인협회 부회장 역임, 현 대구아동문학회 회장

제42회(2013) 이선영

빈 의자

이선영

가다가 지칠 땐
내 빈 무릎 위에
털썩 앉아 쉬었다 가게나

잠잠히 자네 얘기를
다 들어줄게
마음 놓고 쉬다 가게나

오랜만에 하늘 보며
노래도 불러보게
정말 그런 널 기다린 거야

내 이름은 빈의자
팔공산 흰구름도 쉬었다 가니
언제라도 오거든 쉬었다 가게나.

제42회(2013) 신건자

만세! 정전은 끝났다

신건자

점심시간이 가까워졌는데 갑자기 정전입니다.
"선생님, 컴컴해요."
"왜 전깃불이 나갔어요?"
아이들이 툴툴거리며 한 마디씩 합니다. 흐린 날씨 탓에 교실이 더 어둡습니다. 그러나 나는 교실이 어두운 것쯤은 문제가 아닙니다. 우리 학교 급식소에서 일하시는 엄마가 더 걱정입니다. 전기가 나가면 급식차를 운반하는 엘리베이터가 움직이질 않습니다. 그러면 급식소에서 일하시는 엄마는 다른 아주머니들과 일층에서부터 오층까지 서른 두 개의 교실로 급식을 운반해야 합니다.
일층은 끌차에 싣고 밀면 쉽지만 이층부터 오층까지는 층계 때문에 밥통, 국통, 반찬통, 수저통들을 들고 날라야 됩니다.
지난번 전기가 나갔을 때에도 그렇게 하는 걸 보았습니다.
그날 엄마는 무척 힘이 드셨나 봅니다. 저녁에 집에 돌아오시자 곧바로 눕더니 앓는 소리를 내며 주무셨습니다.
그런 엄마를 보며 아빠가 제일 마음 아파하셨습니다.
"얘들아, 조용히 해라, 엄마 잠 깨시지 않게!"
작은 소리로 말하며 아빠는 저녁상을 차리셨습니다.
"와, 저녁 먹는다."
철없는 동생들은 아빠 주변을 맴돌며 좋아라 낄낄거립니다.

신건자
1942년 인천 출생, 2003년 《아동문예》 신인상 동화로 등단. 작품집으로 동화책 『만세! 정전은 끝났다』 『번갯불을 잡은 아이』 『가자 잉잉아』 『하나님이 보낸 솔비』 수필집 『미루나무가 서 있는 풍경』 『그곳에서 꽃방울』 『사랑은 두드리는 것이 아니란다』 『겨울 숲』이 있음. 2013년 한정동아동문학상 수상

"너희들은 뭐가 좋다고 낄낄거리니?"
나는 한쪽 손밖에 쓸 수 없는 아빠가 저녁상 차리시는 걸 좋아라 바라만 볼 수가 없어서 동생들에게 버럭 소리를 질렀습니다. 그 날도 그렇게 마음이 아팠는데 오늘 또 정전이 되었으니….

삼 년 전입니다. 인쇄소 일을 하시던 아빠는 '아차!' 하는 순간에 손이 기계에 물려 들어가 손목이 잘렸습니다.
갑자기 한쪽 손을 잃은 장애인이 되신 겁니다. 아빠는 그날 이후 일자리까지 잃으셨습니다. 그래서 집에만 계십니다.
왜 하필 아이엠에프까지 겹쳤는지 모릅니다. 이래저래 돈 한 푼 없이 가난해진 우리 집은 엄마가 이마트에 주 2회 아르바이트를 나가셔서 버는 돈으로 겨우 하루 두 끼 정도만 먹을 수 있게 되었습니다. 그것도 한 끼는 국수를 먹어야 합니다. 그나마 나는 학교에서 급식을 먹기 때문에 세 끼를 다 먹습니다.
"엄마, 밥만 먹으면 안 돼?"
"나 국수 싫어. 밥 줘!"
국수를 먹을 때마다 동생들은 투정을 부립니다.
아무리 그래도 아빠가 일을 못하시니 할 수 없습니다.
동생들은 날마다 배가 고프다고 칭얼댔습니다.
이런 사정을 나는 글짓기 시간에 써서 냈습니다.
"마침 글짓기 대회에 응모할 작품을 찾던 중이었는데 잘 썼구나. 인애야, 네 것을 보내야겠다."
선생님이 환히 웃으시며 내 어깨를 두드려 주셨습니다.
얼마 후 내 글이 일등으로 당선이 되어 상장과 장학금을 받았습니다. 그 바람에 나는 우리 학급에서 뿐 아니라 우리 집의 스타가 됐습니다. 엄마가 내가 받은 장학금으로 쌀을 사셨기 때문입니다. 그 날 저녁에는 국수 대신 김이 모락모락 오르는 하얀 쌀밥이 그릇마다 수북하게 담긴 채 밥상에 올랐습니다.

"와, 쌀밥이다."

동생들이 소리 지르며 밥상 앞에서 깡충깡충 뛰었습니다. 그 모습을 보면서 나도 기뻐서 막 웃었습니다. 그런데 순간적으로 가슴과 눈시울이 갑자기 찌르르 아파지면서 눈물이 쏟아졌습니다.

다음날 갑자기 교장선생님이 엄마를 부르셨습니다.

"무슨 일이지?"

엄마는 걱정하면서 학교에 갔습니다. 그러나 교장선생님을 만나고 온 엄마는 기뻐서 어쩔 줄을 몰라 했습니다.

"우리 사정 이야기를 들으셨대. 너희 교장선생님 정말 고마우신 분이더라."

우리 학교 교장선생님은 여자이십니다. 엄마처럼 따뜻한 분이라고 소문이 나 있습니다. 그런 교장선생님이 엄마에게 우리 학교 급식소에서 일하시면 어떻겠느냐고 물으셨다는 것입니다. 물론 엄마는 대찬성이었지요. 이제 우리 식구들이 굶지 않게 되어서 감사하다며 눈물까지 흘리셨습니다.

동생들은 그 소리를 듣고

"엄마, 이제는 우리들 국수 안 먹어도 돼?"

"밥만 먹을 수 있는 거야?"

밥 타령부터 합니다.

"그럼!"

엄마가 동생들 머리를 쓰다듬어주십니다.

그러다가 나를 보고

"인애는 엄마가 급식소에서 일 하는 거 친구들한테 부끄럽겠구나."

미안한 표정을 지으셨습니다.

"아냐, 하나도 부끄럽지 않아. 우리 식구들이 먹을 것 걱정을 안 하게 해주는 엄마가 오히려 자랑스러워."

나는 엄마가 더 이상 미안한 마음을 갖지 않도록 머리를 옆으로 힘 있게 저었습니다. 우리 식구들은 오랜만에 모여앉아 감사 기도를 드렸습니다. 그 후 급식을 하는 날이면 나는 날마다 급식소에서 일하고 계신 엄마를 생각합니다. 급식을 먹으면서도 엄마 생각을 합니다. 엄마가 만든 급식이기 때문에 다른 애들보다 더 맛있게 먹습니다. 그래야 친구들도 맛있게 먹을 것 같기 때문입니다. 그러면서도 나는 친구들 눈치를 살핍니다.

친구들 입에서
"야, 오늘 급식 맛있다!"
라는 소리가 나오면 기분이 좋습니다. 그리고 엄마가 더 자랑스럽습니다. 그런데 친구들이
"오늘 급식은 왜 이래? 돌도 씹히고 맛도 되게 없잖아!"
할 때면 나는 기가 죽고 슬퍼집니다. 갑자기 엄마 모습이 초라하게 느껴집니다. 그런 날은 집에 가서도 엄마 얼굴을 바라보고 웃는다든지 말을 하기가 힘듭니다. 그래서 잠자코 방에 들어가 공부만 하는 척합니다. 그런 것도 엄마는 잘 아십니다.
"오늘 급식이 맛이 없었지? 미안하다. 인애야."
그렇게 급식소에서 일하시는 엄마 생각을 하며 삼 년이 흐른 겁니다. 그렇지만 오늘은 다릅니다. 정전으로 엘리베이터가 작동 중지가 되었으니 급식 맛 같은 걸로 친구들 눈치를 볼 때가 아닙니다. 그 전처럼 엄마는 또 일층부터 오층까지 급식 판을 들고 땀을 뻘뻘 흘리며 뛰실 겁니다.

그런데도 아이들은
"왜 아직도 밥이 안 와?"
하면서 툴툴거릴 겁니다. 생각이 여기까지 미치자 나는 앞뒤 생각할 겨를 없이 복도로 뛰어나왔습니다. 그리고 일층에 있는 급식소로 달려갔습니다. 생각했던 대로입니다. 급식소 아주머니들은 벌써 무거운 급식 판을 맞잡고 뛰십니다.

나는 엄마 곁으로 달려가 급식 판을 마주 잡았습니다. 그리고 엄마와 함께 뛰었습니다. 그런데 왜 이렇게 눈물이 나올까요? 눈물 때문

에 복도 바닥이 뿌옇게 보입니다. 엄마도 울면서 뛰시는 것 같습니다. 땀보다도 더 굵은 물방울이 얼굴에 가득했고, 들고 가는 급식 판이 무척 흔들리고 있었으니까요. 나는 우리 교실에서 담임선생님이 걱정을 하고 계실 것이라는 것은 생각도 못했습니다.

"얘들아, 인애가 정신없이 뛰어나갔는데 무슨 일인지 누구 따라 나가봐라!"

선생님 말씀을 듣고 학급회장과 친구들 세 명이 나를 찾아 나선 것도 몰랐습니다. 아이들은 나를 찾아 화장실이며 급수 실이며 특별실까지 샅샅이 찾았다고 했습니다. 그 애들이 엄마와 급식 판을 맞잡고 울면서 뛰는 나를 발견한 것은 이층 복도에서였습니다.

"어!"

친구들 입에서 그 소리만 나왔습니다. 더 이상 아무 말도 필요하지 않았습니다. 어느새 나처럼 급식소 아주머니들과 급식 판을 맞잡고 나르기 시작한 것입니다.

그러니 교실에선 선생님이 더 걱정을 할 수밖에요.

"아니, 인애 찾으러 간 아이들까지 왜 소식이 없니? 누구 또 나가 볼래?"

그 때 마침 쉬는 시간 종이 울렸습니다.

육학년 이반 아이들은 나와 친구들을 찾아 우르르 복도로 나섰습니다.

"어?"

"어머나!"

"쟤들이!"

삼층까지 내려와서 나와 친구들을 발견한 육학년 이반 아이들은 한 결 같이 짧은 외마디 소리를 냈습니다. 그리고 누구랄 것도 없이 모두 급식소 아주머니들 곁으로 달려가 급식 판을 빼앗아 들었습니다.

"비켜요, 비켜. 급식소 아주머니들도 비키시고요, 앞에서 얼쩡거리는 아이들도 비켜요. 오늘의 급식 배달은 우리들이 해요. 비켜요, 비켜!"

복도로 함빡 밀려나오던 각 반 아이들이 영문도 모르고 한쪽으로 비켜서다가 드디어 알아차리고 손뼉을 치기 시작했습니다.

"짝, 짝, 짝, 짝, 짝, 짝……."

"무슨 일 났냐?"

휘둥그레진 눈으로 달려 나오신 다른 반 선생님들도 까닭을 아시고 나서는

"참, 녀석들도……."

하시면서 아이들과 함께 손뼉을 치십니다.

급식 판을 아이들에게 뺏기신 급식소 아주머니들과 우리 엄마는 얼굴이 붉어진 채 앞치마 자락으로 땀과 눈물을 닦으셨습니다. 바라보던 아이들도 가슴이 찡한가봅니다. 박수소리보다 코를 훌쩍이는 소리가 더 크게 들리기 시작했으니까요.

교장선생님도 교장실에서 소식을 들으시고

"우리 애들, 착하기도 하지."

조용히 미소 지으며 손수건을 눈에 대셨답니다. 하여튼 오늘은 나 때문에 우리 학교는 눈물의 날이 됐습니다. 덕분에 전교생 모두가 급식소에서 일하시는 우리 엄마와 아주머니들을 깊이 이해한 날이기도 합니다.

나는 친구들의 따뜻한 마음을 깨달은 날입니다.

"야, 전기 들어왔다."

누군가 갑자기 소리쳤습니다.

어둡던 교실이 환해졌습니다.

"와, 만세! 이제 정전은 끝났다."

반 친구들이 외치는 소리에 나는 주먹을 꼭 쥐었습니다.

그 외침이 꼭

"인애야, 너희 집 정전 끝났어!"

하는 말처럼 들렸기 때문입니다.

제43회(2014) 김만석

바다국경선

김만석

파도가
출렁
출렁이는
바다에는
국경선이
따로 없다

물고기도
꼬리 한들
남북으로
넘나드는
자유로운
바다에
국경선은
따로 없다

사람들이
지도
종이장에
줄칸자를 대고
쭈욱
그은 선이
그래
국경선인가?

김만석
1939년 길림성 룡정시 태양향 중흥촌 출생, 저작으로 『아동문학과 그 창작』, 『아동문학개론』, 『아동문학』, 『중국조선족아동문학사』, 『중조한 아동문학비교연구』 등과 작품집 『봄강아지』(동시집), 『새빨간거짓말』(소설우화집), 『흘러가는 물소리』(성인소설집) 등이 있음. 1988년 11월에 『아동문학과 그 창작』이 중국 제1차 아동문학우수저작상을 수상, 20여차 성주급 아동문학상 등 다수 수상. 연변대학교수, 아시아아동문학학회 회원, 중국습작학회 회원, 중국소수민족작가협회회원, 중국작가협회 연변분회 회원, 중국아동문학연구회 회원, 연변주 조선족아동문학연구회 회장
출처: 다음카페 나무의정신

제43회(2014) 김만석

발자국

김만석

발목까지
푹 빠지는
생눈길

성큼
내딛고
뿌드득
밟으면
커다란 발자국

뒤돌아 보면
짱짱
손뼉 치며
호호
웃는 순이

내 발자국
뽀드득
뽀드득
밟으며 온다
할딱할딱
빠알간 얼굴

제44회(2015) 최정심

들국화

최정심

가을이 슬그머니
내려앉은 숲 속에
하늘빛 들국화가
별처럼 박혀 있다

반짝! 비칠 때마다
설레는 마음
설빔 입은 아이처럼
두근거린다

따다가 곁에 두고
보고 싶지만
와르르 가을 숲이
무너질 것 같다.

꽃자리 그대로
거기 그대로
뻗은 손 거두고
숲이 되고 싶다.

최정심
1949년 충남 서천에서 태어남
1984년 새싹문학지에 작품을 발표하고 같은 해 어깨동무신인문학상 당선.대한민국
문학상 신인상(1991), 충남문학대상(1994), 대일문학상(1997), 한정동아동문학상
(2015), 한국아동문학작가상(2019) 등 수상
동시집 『꽃들은 방귀를 좋아해』등 14권 발간

제44회(2015) 최정심

봄 창문에는

최정심

엄마,
봄 창문에는
창호지를 발라요
봄 향기 은은히 스며들게요

두꺼운 유리벽으로는
봄의 작은 소리를
들을 수 없잖아요.

부드러운 흙 속에서
눈 튼 가지에서
가만가만 움직이는 소리가
아가의 조그만 귀에도
들릴 수 있게

엄마,
봄에는
창호지를 발라요.

제45회(2016) 유창근

韓晶東의 詩와 아니마Anima

유창근

'모든 남자는 자기 안에 자기 자신의 이브를 가지고 있다'는 독일 속담이 있다. 이 말은 비록 우리들 각자가 지니고 있는 이성의 심리적 특징은 일반적으로 무의식이어서, 꿈속이나 우리 주위의 어떤 사람의 투사(投射) 속에서만 그 모습을 드러내게 된다. 아울러 사랑의 현상, 특히 첫눈에 반하게 되는 까닭을 융(Jung)의 아니마(Anima) 이론으로 설명한다면 우리는 자기 자신의 내적 특징을 비추는 이성에게 매력을 느낀다고 할 수 있다. 아니마는 융의 원형 중에서 가장 복잡한 것으로 흔히 영혼의 이미지, 인간의 생기, 인간의 생명력, 또는 생명의 에너지를 가리킨다. 그것은 영혼이란 의미에서 인간 속에 살아있으며 생명을 일으키는 것으로, 만일 영혼의 도약과 반짝임이 없다면 인간은 강열한 격정과 나태 속에 쇠퇴하고 만다는 것이다.

가령 진취적이고 정력적인 사회에서는 누가 보아도 남자답다고 하는 남성이 집에 돌아오면 유약하고 잔소리가 많고 짜증을 부리며 소심하고 때로는 감상적인 기분에 사로잡히는 경우가 있다. 그런가 하면 자타가 공인하는 여자다운 여자가 아이들에게 야단치거나 느닷없이 흥분하여 남자 못지않게 입에 담지 못할 욕설을 퍼 붓는 수가 있다.

유창근
충남부여산, 문학평론가·문학박사, 문예창작학과 교수정년·현명예교수, 1986년 「월간문학」평론당선, (사)한국어문능력개발원이사장 역임, 현 「창조문학」주간, 저서 「문학비평연구」, 「한국현대시의 위상」, 「문학을 보는 눈」, 「현대아동문학론」, 「차세대문학의 이해」, 한 줄 시집 「싶다」외 40여권. 제1회조국문학상(평론), 명지문학상(평론), 한정동문학상(평론), 김영일문학상(평론)외.

의식의 태도와는 다른 또 하나의 무의식적인 태도가 남녀에 따라 각각 달리 나타나고 있는 경우를 예로 든 것이다. 아니마(Anima)와 아니무스(Animus)란 이러한 무의식에 있는 내적 인격의 특성을 말한다.[1]

우리가 시를 읽을 때도 무의식 세계에 대한 지식을 가지고 접근하지 않으면 시의 깊이를 제대로 파악하기 어렵다. 왜냐하면 시어는 의식에 의해서 시인이 선택한 무의식의 말이기 때문이다. 시인에 의해서 선택된 언어의 상징 내용은 시인의 무의식 세계를 표출한다고 할 수 있으며, 상징은 흔히 '다른 것을 표현하는 어떤 것'[2] 으로 설명할 수 있다.

시가 사물에 대한 객관적인 설명이 아니라 시인 자신의 사물에 대한 감정과 태도의 표현이라고 할 때, 그 표현 방법은 여러 가지가 된다. 각자의 개성이 다르고 시대와 환경이 다르고 표현 매체인 언어에 있어서도 역사성, 지역성, 사회성을 달리하기 때문이다. 예를 들어 개화기 시가를 보면 계몽적인 시어가 형식적인 리듬에 맞춰 배열된 것들이 많고, 1920년대의 경우를 보면 낭만주의와 상징주의 영향을 받은 작품의 경우 퇴폐적이거나 몽상적인 시어들이 많으며, 계급적인 경향의 시들은 그러한 목적성에 어울리게 선전문구와 같은 시어들이 선택되었다. 대체로 한 문장에서 언어의 선택과 결합은, 그 말이 더 적절하고 어울린다는 무의식적 판단에서 나온다. 따라서 언어의 시적 기능이란 결국 내면적인 무의식의 세계가 성취하는 적절함이라고 야콥슨(Roman Jakobson)은 설명하고 있다.

韓晶東의 시를 분석해보면 유난히 '어머니'라는 시어를 많이 발견할 수 있다. 한정동 스스로도 자기의 시에는 어느 누구보다 어머니를 읊은 노래가 많다고 술회한 일이 있다.

---

1) 李符永, 『分析心理學』, (一潮閣, 1986), p.72. 아니무스Animus는 '여성 속의 남성성'을 말한다.
2) 에릭프롬, The Forgotten Language, 韓相範譯, 『꿈의 精神分析』, (正音社, 1977), P.23

①자식 된 자 누가 어머니를 나쁘다 하랴만 나는 내 어머님처럼 훌륭한 분도 그리 흔치는 않으리라고 자부하느니만큼 맹모 이상으로 존경하였다. 그것은 우선 지금부터 백여 년이나 전의 여인으로 글(그때는 한문)을 많이 읽기도 하였지만 읽은 것 모두 정통하셨기에 우리 네 형제를 한결같이 가르쳐주는 동시에 가끔 소학, 명심보감, 주자가훈……등 서적에서 좋은 것들을 골라 쉽게 풀이하여 주신 한 가지만으로도 넉넉히 증명될 수가 있지 않을까 한다.[3]

②그런데 사람의 두뇌며 신체가 한창 자란다는 열일곱 살인 나에게 하늘은 큰 불행을 안겨주었다. 사랑의 원천이신 어머님께서 갑자기 세상을 뜨신 사실이야말로 나에게는 두고두고 풀길 없는 한을 남겨주었다. 따라서 삼년동안이나 학업을 중단하지 않을 수 없었다. 이러한 심적 영향도 없지는 않았겠지만 어쨌든 나는 어머님을 읊은 노래가 누구보다도 많은 것이다. 그 중의 하나이며 처녀작인 「따오기」 '일명 두루미'가 내 학습장에 쓴 것[4]인데……

앞의 두 인용문은 한정동이 쓴 이야기 가운데서 발췌한 것으로, 어머니에 대한 존경심과 사랑이 진솔하게 표출되어 있다. 아울러 한정동이 동요 전성시대의 대표적 인물로 자리 잡을 수 있었던 것은 전적으로 어머니의 영향이라는 사실을 확인할 수 있다. 특히 인용문 ②에서 '어쨌든 나는 어머님을 읊은 노래가 누구보다도 많은 것이다'라고 술회한 사실 하나만 보더라도 그의 문학 속에서 어머니가 차지하고 있는 비중이 얼마나 큰지 쉽게 짐작할 수 있다.

따라서 한정동의 작품을 읽으며 그의 '무의식 속에 잠재하고 있는 여성상', 즉 아니마의 원형과 투사 대상을 찾아서 분석하는 일은 매

---

3) 한정동, 「따오기」, 장영미엮음, 『한정동선집』, (현대문학사, 2009), pp.375~376.
4) 한정동, 「문단데뷔와 작품 활동」, 장영미엮음, op.cit., p.398.

우 중요하다고 본다. 융은 아니마를 남성의 정신 속에 있는 여성적 요소라고 말하면서 아니마의 이미지는 흔히 여자에게 투사된다고 설명하고 있다. 다시 말해서 아니마는 인간의 정신 속에 있는 이성(異性)의 부분, 즉 인간이 개인무의식과 집단무의식에 가지고 있는 이성의 이미지를 말한다. 이 글에서는 한정동의 아니마의 투사 대상 가운데 가장 큰 비중을 차지하고 있는 어머니를 중심으로 논지를 펼쳐나갈 것이다.

한정동 시의 중심에는 언제나 어머니가 있다. 따라서 어머니는 그의 시에 가장 많이 등장하는 핵심어이며, 시정신(詩精神)을 지배하는 중심사상이며, 더 나아가 일제강점기에 처해있던 우리민족의 얼을 상징적으로 암시한 것으로 해석할 수 있다.

    보일 듯이 보일 듯이
    보이지 않는
    당옥 당옥 당옥 소리
    처량한 소리
    떠나가면 가는 곳이
    어디이드뇨?
    내 어머님 가신 나라
    해 돋는 나라

    잡힐 듯이 잡힐 듯이
    잡히지 않는
    당옥 당옥 당옥 소리
    구슬픈 소리
    날아가면 가는 곳이
    어디이드뇨?
    내 어머님 가신 나라
    달 돋는 나라

약한 듯이 강한 듯이
또 연약한 듯이
당옥 당옥 당옥소리
적막한 소리
흘러가면 가는 곳이
어디이드뇨?
내 어머님 가신 나라
별 뜨는 나라

나도 나도 소리 소리
너 같을 진데
해나라로 달나라로
또 별나라로
훨훨 활활 날아가서
꿈에만 보고
말 못하는 어머님의
귀나 울릴 걸

-「따오기」전문

「따오기」는 우리민족의 애달픈 감정이 깃들어 있다고 해서 일제(日帝)가 노래 부르는 것을 금지했다가 광복 후에 다시 부르게 된 한정동의 대표작이다. 특히 이 시의 각 연에서 등장하는 '어머니'는 한정동에게 실존하는 인물이기도 하지만, 하늘나라에 계신 어머니, 즉 무의식 속에 잠재한 아니마다. 현실 속에서 존재하지 않는 무의식 속의 어머니가 따오기 우는 소리와 함께 의식으로 떠오르는 상황이다.

형식상으로 볼 때, 「따오기」는 정확하게 8·5조의 율격에 맞춰 쓴 4연 32행의 노래다. 각 연이 8행으로 구성되어 있는데, 각 연의 결론 부분에 '어머니'라는 시어가 위치하면서 따오기와 짝을 이룬다. 따오기 소리가 들릴 때마다 한정동의 무의식 속에서 세상 떠난 어머니가 자동적으로 떠오르도록 연상 장치를 만들어 놓은 것이다. 우리 동요가 아직은 정형의 틀에서 벗어나지 못하고 있을 때 단순히 짜 맞추기 식의 동요가 아니라, 상당부분에서 현대시적인 요소를 갖추고 있음을 간과해서는 안 된다. 시어의 배열을 보더라도, 1연의 '해'→2연의 '달'→3연의 '별'→4연의 '해와 달과 별'을 우주의 질서에 따라 순차적으로 배열한 것은 매우 과학적이고 치밀한 현대시의 감각을 살려 쓴 것으로 분석할 수 있다. 또한 「따오기」의 각 연에 등장하는 어머니는 앞에서 언급한 것처럼 한정동에게 가장 이상적이고 존경스런 아니마의 투사 대상이다. 그런 어머니가 한정동의 내면 깊이 긍정적 아니마로 자리 잡고 있는데, 뜻하지 않게 어머니를 상실한 슬픔은 어느 것으로도 채울 수 없는 공허로움 그 자체일 수밖에 없다. 이와 같은 빈자리의 영향으로 어머니가 등장하는 한정동의 시들은 감상적(感傷的)인 정서에 편승할 수밖에 없다는 분석도 나온다. 그러나 「따오기」에 드러난 일부 정서만을 가지고 마치 한정동의 모든 시가 감상적이고 애상적(哀傷的)인 것처럼 평가하거나 그와 유사한 해석을 내리는 것은 바람직하지 않다. 왜냐하면 한정동이 「따오기」에서 표면적으로는 슬프고 우울한 정서를 보이지만, 각 연의 끝 행에 해·달·별 등 빛과 관련된 시어들을 배열하여 상징적으로 밝고 희망적인 분위기로 이끌어 가고 있기 때문이다. 해와 달과 별은 모두 빛을 가지고 있는 것들로, 정신적이며 영적(靈的) 성격을 상징한다. 또한 빛은 유추적으로 세 가지 특성을 제시한다. 첫째는 가시성(可視性)으로 어둠을 추방하여 사물을 명료하게 하며, 이러한 특성은 은유적 단계에서 지적(知的) 공간화(空間化)를 상징한다. 둘째로 빛은 신화적 단계에서 지적(知的) 명료성(明瞭性)의 상징이면서 동시에 불의 은유적 내포가 된다. 마지막으로 빛은 우리의 상상력을 자극하는 물질로서 고대로부터 상승의 개념과 연결되어 왔다[5]는 사실에 비추어 볼 때, 「따오기」는 애상적 이미지보다 희망적 이미지로 읽어야 한다.

---

5) 유창근, 『문학비평연구』, (태영출판사, 2008), pp.339~340.

그리고 「따오기」에서 정서의 흐름을 '처량함'→'구슬픔'→'적막함'으로 점차 확대시키고 있을 뿐 아니라, 공간적 이동형태도 새의 속성인 유동성을 극대화하여 '떠나가면'→'날아가면'→'흘러가면'같이 논리적으로 전개하고 있는 점에 주목할 필요가 있다. 즉 1연에서 먼저 '떠나간다'는 사실을 전제해 놓고, 2연과 3연에서 '날아가면'과 '흘러가면'을 제시하여 따오기가 어떤 방법으로 떠나갔는지 구체적으로 명시한 점도 주목할 필요가 있다. 특히 이 시의 마지막 4연은 앞에서 노래한 1·2·3연의 이미지를 하나로 묶어서 '꿈에만 보고/말 못하던 어머님의/귀나 울릴 걸'이라고 어머니에 대한 간절한 그리움을 열여덟 글자 속에 압축한 점, 각 연에 의성어 '당옥 당옥' 따오기 소리를 반복함으로써 생동감을 주는 점도 예사롭지 않다.

융에 따르면 영혼-심상을 맨 처음 가지고 있는 사람은 항상 어머니(mother)다. 그 후에 그것은 긍정적인 의미에서든지 부정적인 의미에서든지 남자의 환상을 불러 일으켰던 여러 여자들에 의해서 탄생된다.[6] 어머니에게서 분리는 특히 남성들의 성격 발전에 있어서 가장 중요하고 가장 미묘한 문제다. 어머니가 아니마의 형성에 큰 영향을 주기 때문이다. 따라서 한정동이 열일곱 살 되던 여름에 갑자기 어머니가 세상을 떠난 사건은 일생일대에 가장 큰 충격이었다.

> 나의 생애에 있어서 거의 백퍼센트가 어머님 사랑의 가르침의 혜택이었으니, 그 어머님이 세상을 떠나셨다면 따라 죽지는 못할망정 호천망극하는 몸부림을 친 데도 오히려 부족하겠는데, 그때 나는 장례를 치르는 닷새 동안에 단 한 방울의 눈물도 보이지를 않았던 것입니다.(중략) '너무 기쁠 때 웃음보다 눈물이 나고, 너무 슬플 때 도리어 웃음이 난다'는 옛말 그대로[7]……

---

6) 욜란디 야코비, 李泰東譯, 『칼 융의 心理學』, (成文閣, 1982), p.187.
7) 한정동, 「어머니와 따오기」, 장영미엮음, op.cit., p.420.

한정동의 생애에 어머니의 영향력은 거의 100퍼센트였으며, 그의 말대로 어머니는 삶의 기둥이었다. 어머니가 세상을 뜨자 그 충격으로 한정동은 졸지에 학업을 중단하고 2년 동안 농사일을 도와야 했다. 그러나 농사는 아무리 힘써 해봤자 별다른 보람을 느끼지 못한다는 것을 깨닫고 공부를 다시 시작하기로 결심하고 평양고등보통학교 2학년 보결시험에 합격하여 새로운 도전을 한다. 한정동이 다시 학업에 도전한 일이나, 타락의 길을 걷지 않고 이후에 문학에 심취하게 된 것은 아니마의 긍정적 기능에서 온 것이다. 인도자로서 아니마의 긍정적 기능은 남성이 자신의 감정, 기분, 무의식적 기대와 환상을 진지하게 받아들이고 조각, 그림, 음악, 춤 등 어떤 형태로든 확고하게 붙잡을 때 발전하는 것과 무관하지 않기 때문이다.

그가 평양고등보통학교 2학년에 편입하여 그 해 늦가을 어느 토요일 학비를 얻으려고 집에 왔다가 평양 칠십 리 길을 걸어가는 도중 강 언덕의 잔디밭에 앉아 잠깐 쉬고 있을 때 난데없는 따오기 소리가 들려왔고, 그 소리는 바로 어린 시절 어머니와 함께 친척 집에 가다가 처음 들었던 따오기 소리라서 듣는 순간 문득 어머니 생각이 떠올라 노트에 적어놓은 것이 바로 「따오기」라고 한다.

> 어려서 어머니와 같이 들어 본 처량하고 구슬픈 곡조이기에 그 소리는 문득 어머니 생각으로 내 가슴을 꽉 채워놓고 말았다. 나는 그 잔디 벌판에 주저앉아 이내 목 놓아 울기 시작했다. (중략) 이날로부터 일주일 이내였다고 기억에 남아 있거니와 내 작문 노트에는 '따오기' 노래가 씌어졌다.[8]

한정동은 「따오기」는 몇 해에 걸쳐 수정에 수정을 거듭하여 『동아일보』 신춘문예에 응모하여 당선했는데, 윤극영이 작곡함으로써 더 유명해진 작품이다.

---

8) 한정동, 「따오기」, 장영미엮음, op.cit., P.377.

「따오기」와 더불어 어머니에 대한 간절함을 노래한 대표적 작품으로 「갈잎 피리」가 있다.

> 혼자서 놀을라니
> 갑갑하여서
> 갈잎으로 피리를
> 불어보았소
>
> 보이얀 하늘가엔
> 종달새들이
> 봄날이 좋아라고
> 노래 불러요
>
> 내가부는 피리는
> 갈잎의 피리
> 어디어디까지나
> 들리울까요
>
> 어머님 가신 나라
> 멀고 먼 나라
> 거기까지 들리우면
> 좋을텐데요.
>
> -「갈잎 피리」전문

앞의 시 「갈잎 피리」는 1926년 5월 『어린이』지에 발표된 작품이다. 혼자 놀다가 갈잎 피리를 만들어 부는 것으로 화두를 시작한다. 그의 고향은 갈밭이 무성하여 쉽게 갈잎 피리를 만들어 마음껏 불 수가 있었다고 한다. 종달새의 노래 소리와 화자(話者)의 갈잎 피리 소리가 어머니 가신 나라에까지 들렸으면 좋겠다는 소망적사고(wishful thinking)가 분명히 드러나는 시다. 화자의 어머니에 대한 그리움이 연을 거듭하면서 점차적으로 극대화하고 있다.

「따오기」에서 따오기가 가야할 곳도 '어머니 가신 나라'이고, 「갈잎 피리」에서 화자가 그리워하는 곳도 결국은 '어머니 가신 나라'이다. 그리고 두 작품 속에서 어머니는 현실 속에 실제로 존재하는 어머니가 아니라, 무의식 속에 잠재한 긍정적 아니마임을 다시 한 번 확인할 수 있다. 긍정적 아니마가 지나친 남성은 여성화 되거나 나약해지기 쉬우며, 지나치게 많은 것을 생각한 나머지 자발성과 외향성을 상실하게 되며, 따라서 감상주의자가 되거나 노처녀처럼 까다로운 사람이 된다고 한다. 그러나 아니마가 의식되지 않아 미분화 상태에 있으면 그것은 원시적인 감정과 통하게 되는데, 그것은 침착하고 이성적임을 자랑하는 남성으로 하여금 폭발적인 분노를 일으킨다고 한다. 순간 그는 그의 부정적 아니마에 사로잡히게 되는데, 부정적 어머니상을 갖고 있는 남성은 조급하고, 우울하고, 불안정하며, 화를 잘 내는 성격이 될 가능성이 높다고 한다. 더구나 중년 이후의 지속적인 아니마 상실은 그의 생동감을 점진적으로 희생시켜 성격상의 경직, 단조, 완고, 부질없는 원칙의 나열에 사로잡히거나 반대로 체념, 피로, 나태, 소아적인 연화, 책임감 상실에 빠지게 된다[9]는 것이다. 긍정적 아니마든 부정적 아니마든 지나칠 경우에는 문제가 발생하지만, 잘 분화된 아니마는 창조적 감흥을 불러일으킨다는 사실을 한정동의 시에서 어렵지 않게 발견할 수 있다.

신현득은 「갈잎 피리」에 대해, 어머니 가신 나라의 어머니는 어머니이면서 잃어버린 조국이라면서 '민족시인 백민 한정동은 세상을 두고 멀리 떠난 어머니를 생각하면서 조국을 위해 울었던 것'[10]이라고 아니마 투사 대상을 조국에까지 확산하고 있다.

이상에서 고찰한 것처럼 한정동의 시를 분석해보면 어머니를 주제

---

9) 李符永, op.cit., pp.79~80.
10) 신현득,「일제40년의 抗日詩에서 한정동의 목소리만한 것이 없었다」,『창조문학』통권 101호,p.27.

나 소재로 삼은 시가 많다. 「어머니의 혼」이라는 작품처럼 '어머니'를 제목에 노출하거나, 작품 속에서 하나의 시어로 사용한 경우도 텍스트 131편 가운데 약 20%[11]에 해당한다. 또한 어머니와 관련되는 작품 24편을 계절별로 분류했을 때, 아래 [표·1]에서 보는 바와 같이 봄과 여름이 각각 2편, 가을이 8편, 겨울이 3편, 기타 계절과 관계 없는 작품 9편으로 가을철이 압도적으로 많다.

[표·1] 텍스트 131편중 어머니를 주제나 소재로 선택한 작품 일람

계절	해당 작품명	편수	계절별 %	비고
봄	「갈잎피리」, 「졸업 날 아침」	2편	13.3%	
여름	「여름」, 「발자국」	2편	13.3%	
가을	「달」, 「바람」, 「추석」, 「어머님의 혼」, 「가을이 되면」, 「기다림」, 「늦가을」, 「가을 저녁때」	8편	53.3%	
겨울	「기다림」, 「설님」, 「겨울밤」	3편	20%	
기타	「초사흘 달」, 「따오기」, 「물레소리」, 「이상한 달나라」, 「고향 그리워」, 「구름」 2편, 「참새와 마차」(동물), 「자장노래」	(9편)	계절별통계에서 제외	
합계		24편		

[표·1]에서 보는 바와 같이 어머니와 관련된 사계절 작품 가운데 가을에 해당하는 작품이 약 53%에 해당하여 절반을 넘는다. 노드롭 프라이(N.Frye)의 사계원형(四季原型)에 따르면, 가을은 석양, 죽음의 단계로 신의 사망, 영웅의 갑작스런 죽음, 희생, 영웅의 고립에 관한 신화, 부차적인 인물로 모반자와 유혹자, 비극과 엘레지의 원형[12]이다. 따라서 한정동이 작가로 등단하여 작품을 쓰기 시작한 때는 이미 어머니가 세상을 떠난 상태이기 때문에 거기서 오는 상실감으로 무의식 속에서 비극과 엘레지의 원형인 가을을 작품 속에 많이 선택했다고 분석할 수 있다.

---

11) 장영미엮음,《한정동 선집》에 실린 작품을 텍스트로 삼았다. 전체 131편 중 24편에 '어머니'라는 시어를 쓰고 있어 사용빈도는 약 20%에 해당한다.

12) 유창근, op.cit., p.338 참조.

그러나 텍스트 전체 131편을 계절별로 분석하면 상황이 달라진다. 봄이 21편으로 사계절을 나타낸 작품 가운데 가장 많은 45.6%를 차지하고, 여름 5편, 가을 16편, 겨울 4편으로 집계되어 계절상 봄이 가장 많고 그 다음이 가을로 나타난다. 따라서 노드롭 프라이의 사계의 원형에 비춰 보면 한정동의 시는 전체적으로 봄의 이미지가 주류를 이루고, 가을에 관련된 작품도 상당수에 이른다는 사실을 알 수 있다.

전체 131편 가운데 계절에 관련된 46편을 분석한 결과는 다음과 같다.

[표·2]텍스트 131편 중 계절에 관련된 46편을 계절별로 분석한 자료

	해당 작품	편수(%)	비고
봄	「봄은 가나요」, 「강촌의 봄」, 「갈잎피리」, 「졸업날 아침」, 「봄비」, 「이른 봄」, 「산막의 늦봄」, 「이른 봄」, 「봄」, 「봄비」, 「봄노래」, 「제비」, 「봄」, 「봄날」, 「봄바람」, 「종달새」, 「낮달」, 「봄」, 「봄비의자취」, 「봄날저녁」, 「봄」	21/46 (45.6%)	
여름	「여름」, 「여름의 자취」, 「여름밤」, 「칠월의 정서」, 「발자국」	5/46(10.8)	
가을	「바람」, 「어머님의 혼」, 「기다림」, 「달」, 「꿈길」, 「추석」, 「가을꿈」, 「햇살지겠네」, 「가을이 되면」, 「제비와 복남」, 「낙엽」, 「가을 나뭇잎」, 「가을 소풍」, 「늦가을」, 「가을 저녁때」, 「가을 나뭇잎」	16/46 (34.7)	
겨울	「기다림」, 「설님」, 「눈 온 아침」, 「겨울밤」	4/46(8.7)	

[표·2]는 텍스트 131편 가운데 계절과 관련된 46편의 작품을 계절별로 분류한 것이다. 결과를 보면, 봄이 약 46%에 해당하여 가장 많은 비중을 차지하고, 그 다음이 가을로 약35%에 해당한다. 프라이의 사계원형에서 봄은 새벽, 출생의 단계로 영웅의 탄생과 재생, 부활과 창조, 죽음과 겨울과 어둠의 퇴치를 상징하는 신화, 부속적인 등장인물은 아버지와 어머니다. 문학에서는 로맨스와 열광적이고 광상적인 시가의 원형이다. 여름은 정오, 결혼 승리의 단계로 인간의 신격화, 거룩한 혼인관계, (낙원)에의 입장에 관련된 신화, 부차적 인물로는 친우와 결혼한 신부, 문학에서는 희극, 전원시, 목가의 원형이다. 가을은 앞에서 언급한 것처럼 석양, 죽음의 단계로 신의 사망,

영웅의 갑작스런 죽음, 희생, 영웅의 고립에 관한 신화가 이에 해당하며 비극과 엘레지의 원형이다. 겨울은 어둠, 해체의 단계로 그러한 세력들에 관한 신화, 대홍수와 대혼돈의 신화, 영웅의 패배의 신화, 소위 제신의 몰락의 신화, 부차적인 인물은 식인귀, 마녀, 아이러니와 풍자문학의 원형을 상징한다.

이런 상징적 의미로 보면 한정동의 작품에 나오는 봄은 대단히 중요한 의미를 내포한다. 일제강점기와 남북분단으로 나라와 고향을 잃고 평생 혈혈단신으로 외롭게 살아온 한정동에게 절실한 소망은 길고 긴 겨울에서 벗어나 하루속히 봄을 맞이하는 일이다. 35년의 일제 강점기와 1950년 12월 그가 어린 막내딸만을 데리고 남하한 이후 1967년 세상을 뜨기까지 남북이 분단된 상황에서 고향에 가지 못하고 고독하게 보냈던 그의 일생은 한마디로 지독하게 길고 지루한 겨울이었다. 그런 상황에서 봄은 한정동의 무의식 속에서 희망적이고 긍정적인 아니마로 작품 속에 강하게 투사된 것으로 분석할 수 있다. 죽음과 겨울과 어둠을 퇴치하고 탄생과 부활과 창조의 새 봄을 맞고자 하는 강한 욕구가 그의 무의식 속에서 끊임없이 치솟아 작품으로 승화한 것이다.

그리고 어머니를 주제나 소재로 한 작품은 공통적으로 어머니에 대한 간절함과 그리움을 극대화하였다. 아울러 어머니를 그리워하는 시점에서는 항상 청각적인 이미지나 시각적인 이미지를 동반하고 있음을 발견할 수 있다. 어머니에 관련된 작품 24편을 분석해보면, 어머니를 연상하도록 한 이미지의 빈도는 「추석」, 「여름」 등에서 볼 수 있는 시각적 이미지가 14회, 「갈잎 피리」, 「자장노래」 등에서 볼 수 있는 청각적 이미지가 4회로, 한정동은 대부분 시각적 이미지를 통해 어머니에 대한 그리움을 표출하고 있다. 아울러 그의 작품 속에서 주체의 행동방향은 화자가 존재한 위치를 향해 접근하는 경우보다 대부분 화자에게서 멀리 떠나가는 것으로 일관하고 있음을 발견할 수 있다. 그의 대표작이라 불리는 「따오기」나 「갈잎 피리」를 비롯한 다른 작품에서 사람도 떠나고, 새도 날아가고, 무생물인 흰 돛배까지도 떠나감으로써 화자는 마침내 혼자되는 상황을 발견할 수 있다. 그렇다고 전적으로 의지했던 어머니가 갑자기 한정동의 곁을 떠난 사실에 대해서 부정적 의미로만 읽어서는 안 된다. 주권과 국토까지 빼앗긴 당시의 시대적 정황으로 미루어 볼 때, 오히려 한정동의 무의식 속에 잠재한 아니마는 어머니(조국)를 찾고자 하는 긍정적 아니마로 읽어야 한다.

한정동의 시를 읽어가다 보면 무의식의 중심에 항상 어머니가 존재함을 발견할 수 있는데, 어머니는 대부분 달을 동반하고 있다. 그래서 그는 '달'이라는 객관적 상관물을 통하여 현실 속에 부재하는 어머니를 상상하고, 그리워하고, 마침내 상상 속에서 어머니와 상봉한다.

① 높은 달아 저 달아/기러기도 왔는데
　새 가을도 왔는데/어머니는 안 오니

　가을밤에 귀뚜라미/고운 노래 부를 때
　기럭 함께 오시마/약속하신 어머님

　밝은 달아 저 달아/우리 엄만 왜 안와
　앞집 곤네 읍하고/정성들여 묻는다.
　　　　　　　　　　　　　　　-「달」전문

② 팔월에도 열나흘 밤엔/떡을 치건만
　앞 냇가에 삿갓 쓴 이/낚시합니다

　푸른 갈밭 쌔한 갈품/늘어진 아래
　해오라기 한발 걷고/잠을 잡니다

　저 건너편 산기슭에/희미한 등불

내 어머니 계신 무덤/지키는 등불

쫠-쫠쫠 들궛드리/외마디 울음
마른 풀꽃 이슬에도/달이 찼다고

해마다 추석에는/달이 밝지만
옛 어머니 뵈올 날은/왜 안오나요
　　　　　　　　　　-「추석」전문

앞의 시 두 편은 모두 가을철을 배경으로 하고 있다. 시①「달」은 귀뚜라미가 울 때 기러기와 함께 오신다던 어머니가 새로운 가을이 오고 기러기도 왔는데 왜 안 오느냐고 높이 떠 있는 달을 향해 따지듯 묻는다. 시②「추석」또한 추석 전날 밤에 달을 바라보며 어머니를 그리워하는 애절한 마음이 담겨 있다. 멀리 산 너머에 어머니의 무덤을 지키는 희미한 등불이 보이고, 마른 풀꽃 이슬에 달이 찼다고들 귀뚜라미가 울고, 날이 밝으면 바로 추석날인데 화자는 밝은 달을 바라보면서 어머니 뵈올 날은 왜 안 오느냐고 답답한 마음을 하소연하고 있다. 계절적으로 시①과 ②는 모두 가을이다. 다만 시①에서 우리나라에 기러기가 날아오는 시점이 늦가을이고, 시②의 추석은 가을의 한 중간에 위치한다고 볼 때, 약간의 시차가 있지만, ①과 ②는 화자가 달을 보면서 어머니를 연상하는 정서가 동일하다. 작품 ①과 ②에서 한정동은 1차적으로 자신의 아니마를 달에 투사시켜 작품으로 형상화 하고 있는데, 달은 주기적으로 소멸과 생성을 반복한다는 특성 때문에 재생이나 부활을 의미한다. 달은 또 선사시대로부터 모든 다산력(多産力)의 원천으로 간주되어왔을 뿐 아니라[13] 여성의 주기적 생리현상과 연관되어 여성성(女性性)을 의미하기도 한다. 따라서 달은 시에서 외로움과 그리움, 냉정함과 처연함의 정서를 자아

---

13) 에릭 애크로이드, 김병준역, 『꿈 상징 사전』, (한국심리치료연구소, 1997), p.164.

내는 자연물[14]로, 한정동의 시에서 달은 어머니를 동반하는 아니마의 투사대상으로 읽어야 한다.

　그밖에 아니마를 사물에 투사한 경우는, '구름'이나 '바람'처럼 유동성을 가진 것에 투사하거나 '밤'처럼 폐쇄적 공간에 투사하는 등 그 양상이 다양하다.

①　흰구름은 햇솜인양
　　포근한 마음

　　붉은 구름 비단인 듯
　　어머니 생각

　　흰색 구름 조각조각
　　구슬픈 기분

　　눈을 뜨고 바라보면
　　사라져 가고

　　눈을 감고 생각하면
　　피어만나고-
　　　　　　　　　　-「구름」전문

②　아닌 밤 문 때리는/그것 누구가/
　　집 잃은 아이들이/집을 찾는가/
　　엄마 없는 아이가/엄마 찾는가/
　　동무 잃은 아이가/동무 찾는가/
　　갈 바 몰라 헤매는/재넘이 바람

　　뒷동산 나무숲에/불도 안켜고/

---

14)　金載弘편저, 『詩語辭典』, (고려대학교출판부, 1997), p.267.

어머니는 흑흑흑/흐느껴 울고/
네 집 근처 낙엽들/모여 앉아서/
어디든 같이 가자/기다리누나/
갈 바 몰라 헤매는/재넘이 바람

-「바람」전문

위의 시 ①과 ②는 각각 구름과 바람을 주제로 하고 있다. 시①에서 구름은 일정한 공간 속에 갇혀있는 구름이 색깔에 따라 각각 다른 정서를 드러내면서 시각적 이미지를 다양하게 표출하고 있다. 시②의 경우는 바람의 속성을 잘 살려 '때리고, 찾고, 헤매는' 등 동적이면서 보이지 않게 불안한 상황을 연상시킨다. 시①의 구름이 조용하고 여성적 정서라면 시②의 바람은 남성적 정서로 다소 거칠고 동선(動線)이 크다. 대체로 구름은 가벼움으로 인해 자유로움을 상징하거나 또는 쉽게 사라지는 모습으로 인해 허망함, 덧없음을 상징한다. 그러나 바람은 가변성과 역동적 속성으로 인해 인간의 존재성을 일깨워주는 촉매가 되는가 하면 자유와 방종을 상징하기도 한다. 또한 수난과 역경, 시련을 상징하기도 하지만 바람은 어떤 대상이나 이성에 마음이 이끌려 들 뜬 상태를 의미하기도 한다.[15] 따라서 앞의 시 ①과 ②에서 구름과 바람이 아니마의 투사 대상이 된 것은 그들이 지니고 있는 공통적 상징인 자유로움 때문이다. 그리고 종교적인 상징주의에서 바람은 성령을 나타내는데, 심리학적인 견지에서 이 성령은 우울한 상태로부터 기쁨으로, 또는 세속적이고 물질적인 관심들로부터 더욱 높거나 더욱 깊은 수준의 의식으로 끌어올릴 수 있는 내적인 에너지[16]가 된다. 이 때 시 ②의 바람은 더욱 발전적이고 긍정적인 아니마로 투사된다. 결론적으로, 한정동의 시에서, 유동성을 나타내는 구름이나 바람에 아니마를 투사시킨 것은 어머니의 나라에 가고 싶다는 강한 욕구로 해석할 수 있다.

---

15) Ibid, p.448.
16) 에릭 애크로이드, op.cit., p.212.

한정동은 1925년 우리나라 신춘문예사상 최초의 동요작가로 등단하여 〈따오기〉를 비롯한 기라성 같은 작품으로 동요의 황금시대를 개척했을 뿐 아니라, 우리나라 동요계의 견인차 역할을 해왔다. 특히 그가 왕성하게 작품 활동을 하던 1920년대는 일제강점기로 어린이의 정서가 피폐하여 내일의 희망을 기약하기 어려웠던 때라 상대적으로 어린이들에게 밝고 희망적인 동요를 지어 부르게 하는 일이 시급했다. 아직 창가조(唱歌調)의 틀을 벗어나지 못한 채 감상적이고 애상적인 목소리로 무미건조한 작품들을 써내던 당시의 타성을 깨고 때를 맞추어 한정동이 나타나 예술성이 가미된 동요로 새로운 경지를 연 것은 획기적 사건이었다.

지금까지 살펴본 바와 같이, 한정동의 시에는 유난히 어머니를 읊은 노래가 많다. 한정동에게 어머니는 생애에 100퍼센트 영향을 미쳤다고 스스로 술회할 정도로 그에게 가장 강력한 아니마였다. 아니마는 남성의 마음속에 있는 모든 여성적 심리경향(心理傾向)을 의인화한 것이라고 했다. 확인한 바와 같이 한정동의 아니마는 전적으로 어머니에 의해서 형성되었다.

텍스트로 삼은 한정동의 시 131편을 분석한 결과, 아니마의 투사 대상은 어머니를 비롯하여 달, 구름, 바람, 밤, 고향의식, 민족정신 등 다양하게 나타난다. 투사 대상이 사물일 경우에 달은 어머니를 연상시키는 객관적상관물로, 유동성을 가진 구름이나 바람은 어머니가 계신 곳으로 자유롭게 이동할 수 있는 매체로 사용하고 있음을 발견할 수 있다. 다시 말해서 아니마의 투사대상은 어머니처럼 인물에 투사되는 경우, 달·구름·바람·밤처럼 사물에 투사되는 경우, 고향의식이나 민족정신 등 이념에 투사되는 경우로 분류할 수 있는데, 그 중에서 가장 강력한 아니마의 투사대상은 어머니임을 확인했다. 한마디로 한정동의 무의식 속에 잠재한 어머니는 사랑의 화신이고, 인간이 '세상에서 신의 참모습을 느끼게 하는 존재'라고 할 정도로 한정동에게 어머니는 절대적 존재였다. 이처럼 한정동의 아니마가 순전히 어머니에 의해서 형성되었다고 전제할 때, 그의 무의식 속에 자리

잡고 있는 아니마는 어머니와 같은 완벽한 여성상일 수 있다. 그런데 한정동이 17세 때 어머니가 세상을 뜨면서 상실감으로 잠시 학업을 중단하고 2년간 농사일을 도왔는데, 이 때는 그에게 이른바 부정적 아니마가 지배하던 시기다. 반면, 다시 학업을 계속하기로 결심하고 평양고등보통학교에 2학년으로 편입하여 공부를 마치고, 직장생활을 하는 동안 신춘문예에 등단하여 열심히 작품 활동을 한 것은 잘 분화된 아니마가 창조적 감흥을 일으킨 경우라고 하겠다. 아니마가 남성에게 보내는 느낌, 무드, 기대, 환상 등을 진지하게 받아들여서 그것들을 어떤 형식, 이를테면 글이나 그림이나 조각, 작곡, 무용 등의 형식에다 정착시킬 때는 아니마의 긍정적 기능이 생기는 것이다.

한정동은 일제 강점기, 민족 분단시대, 이산가족 등 혼돈의 시대를 살아오면서도 현실을 회피하거나 본질을 왜곡시키지 않고, 밝고 잘 분화된 아니마를 작품 속에 형상화한 점, 그리고 냉혹했던 현실에 굴하지 않고 고통과 슬픔과 모순의 한복판에서 참담했던 날들을 끝까지 정신력으로 버티며, 이 땅에 동요의 황금시대를 열어간 점은 높이 평가해야 한다.

한정동- 그는 우리나라 아동문학사에 창작동요의 새로운 활로를 개척한 선구자. 평생 어린이들을 위해 밝고 아름다운 동요를 창작한 동요의 아버지로 살다가 1976년 6월 23일 83세를 일기로 어머니가 계신 나라, 꿈에 그리던 나라로 바람 따라, 구름 따라 떠났지만, 그가 남기고 간 문학적 성과는 영원히 이 땅 위에 아름다운 꽃으로 피어날 것이다.

제46회(2017) 이정님

수영이라는 아이

이정님

향긋한 찻 잎 같은 수영이 입에는
늘 풀꽃 향기가 난다
갈색 물감을 풀고 있는
가을을 따다가 항아리에 담으면
솔가지 태우는 연기가
고개를 넘었지

바구니에 풀꽃을 가득히 담는
아이의 손가락이
하얀 건반위에 울려 퍼지면
초승달의 창백한 미소가
귀뚜라미 노래위에 조용히 눕는다

또박또박 걸어 나온 하늘의 별빛들이
아이의 맑은 눈 안으로 들어가고
아이는 그것들 모두 쓸어 담아
풀꽃 향기 가득한 꿈으로 빚으며
마냥 행복했던 아이.

이정님
38년11월22일 충남 논산 출생.
공주사범 단국대학교 교육대학원
월간 아동문학으로 등단, 월간 시조생활으로 등단
통일작품 문학상(정부 주관), 항일민족시인문학상(이상화 부문), 한국전쟁문학상(소설 부문), 한국아동 문화대상(월간 아동문학),한정동아동문학상

제46회(2017) 이정님

밤 바다

이정님

해님이 코코
잠자러 가면

별님이 대신 나와
반짝거리고

내가 만들다 두고 온
모래성 두꺼비 집
파도가 철썩

다 쓸어가네.

제46회(2017) 함영연

할머니의 황금돼지노리개

함영연

수지는 할머니 손에 있는 노리개로 눈길이 갔다. 낡은 매듭에 매달려 있는 황금색 돼지는 할머니가 얼마나 만졌으면 반질반질 윤이 났다.

"늬 할애비가 생전 안 하던 여행을 가자고 하잖어."

할머니가 수지 눈길을 보더니 말했다.

"언제요?"

"돌아가시기 한 달 전이여. 그래서 경주도 가 보고 호강했지. 기념품 구경하고 있는데 선심 쓰듯 이걸 사주더구나. 아이고, 갈 때를 알았나 봐. 이게 마지막 이별 선물이여."

순간 수지는 엄마가 사 준 나비 리본 머리띠를 만져 보았다.

"당분간 큰댁에 있어. 내가 널 당당히 키우려면 일을 해야 하잖아. 할머니가 널 예뻐해서 그나마 마음이 놓인다만, 이럴 때 네 외할머니가 살아계시면 얼마나 좋아. 나도 고민하다 결정한 거야. 아예 기숙사가 있는 직업학교에 들어가 자격증을 따려고 해. 되도록 빨리 데리러 올게."

엄마는 나비 리본이 달린 머리띠를 사주며 미안해서인지 쉬지 않고 할 말을 다 했다.

"난희는 자기 집에 오는 걸 싫어해!"

수지가 도리질을 했다. 그때마다 머리띠에 있는 나비가 팔랑거렸

함영연
강원도 강릉 출생. 추계예술대학교 일반대학원 박사과정 졸업(문학박사). 계몽사아동문학상(2015) 방정환문학상(2015) 한정동아동문학상(2017) 강원아동문학상(2012) 수상. 한국문화예술위원회 문학나눔, 한국출판문화산업진흥원 우수출판콘텐츠, 세종도서나눔으로 여러 권 선정.
작품집으로 『실뜨기 별』 『석수장이의 마지막 고인돌』 『아홉 살 독립군, 뾰족산 금순이』 외 다수. 현재 동화를 쓰며 대학에서 아동문학을 강의함.

다.
"할머니가 널 예뻐해서 그러는 거 같은데, 네가 이해하면 되잖아."
엄마가 수지 손을 잡았다. 수지는 마지못해 엄마를 따라갔다. 엄마는 몇 번이고 할머니에게 잘 부탁한다고 머리를 조아렸다.
"그래, 여기는 숟가락 하나만 더 놓으면 되니까 이왕 맘먹은 거 잘 하고 와라."
할머니는 엄마를 안심시켜 보냈다. 하지만 큰엄마, 큰아빠가 밭일을 마치고 돌아오자 무척 미안한 표정을 지었다.
"어쩌냐? 살아보겠다고 애쓰는데 우리가 힘을 보태야지."
"그래야죠. 수지야, 맘 편히 지내라. 그나저나 과수원 일이 많아 한 철 과수원에서 지내야 해요. 어머니가 애 둘 건사하느라 힘에 부쳐 어떡하죠? 관절도 안 좋으시잖아요."
"난 괜찮다. 늙은이가 일 없이 밥 축내는 것보다야 낫지."
큰아빠는 할머니 말이 다 끝나기도 전에 외양간으로 향했다.
"어린 네가 맘 고생한다."
큰엄마도 한 마디 건네고는 부엌으로 갔다. 큰집은 농사며, 과수원 일이며 할 일이 많아서 그런지 큰엄마, 큰아빠는 늘 분주했다.
수지는 머리띠에 손이 갔다. 엄마도 이별 선물로 사 준 게 아닐까 더럭 겁이 났다. 물론 할아버지처럼 하늘나라 가는 것은 아니겠지만, 아빠처럼 서로 안 보고 사는 것도 이별이란 걸 알기 때문이다. 수지는 슬그머니 머리띠를 벗어 옷가방 안에 넣었다.
"어, 우리 집에 웬일이야? 방학도 아니잖아."
사촌 난희가 피아노학원 가방을 들고 들어오며 말했다. 시내에 있는 피아노학원을 갔다 오는 길인 듯 했다.
"수지도 여기서 살 거다. 나이 차이도 세 달밖에 안 나니 서로 위하고 사이좋게 잘 지내라."
큰아빠가 소에게 여물 주는 걸 마쳤는지 마당으로 오다가 난희에게 말했다.

"아빠! 작은아빠네 이혼한 거예요? 여름방학 때 와서 막 싸우셨잖아요."

난희 말에 수지도 그 때 일이 생각나 몸이 떨렸다. 어른들도 감정이 복받치면 걷잡을 수 없이 화를 낼 수 있다는 걸 그때 알았다.

"난희야!"

큰엄마가 부엌에서 고개를 내밀며 난희를 향해 눈을 끔적거렸다.

"엄마도 이혼할지 모른다고 했잖아요."

난희가 입을 삐죽이며 수지를 보았다. 순간 수지는 몸에 끼는 옷을 억지로 입은 것처럼 답답했다. 그래서 얼른 눈길을 돌렸다. 걱정했던 대로 난희는 수지를 반가워하지 않았다.

'엄마, 빨리 와야 해. 엄마…….'

수지는 엄마와 헤어진 지 얼마 되지 않았는데도 기다려졌다. 밤새 불안해서 잠을 잘 수 없었다. 그러는 수지가 안쓰러운지 할머니가 몇 번이나 수지 이마를 짚어보고, 이불을 제대로 덮어주기도 했다.

설핏 잠든 수지는 아침에 큰집 식구들 목소리에 일어났다. 그리고 할머니가 시키는 대로 학교 갈 준비를 했다. 서둘러 준비를 마친 난희는 가방을 메고 앞서 갔다. 그 뒤로 수지와 할머니가 따라갔다. 수지는 2학년 1반 교실로 갔다. 난희와 같은 반이었다.

"난희야, 수지랑 같이 다니면 심심하지 않아 좋겠다."

난희네 집에서 생활하게 된 것을 안 아이들이 말했다.

"글쎄, 잘 모르겠어. 우리 할머니는 좋아하시지만……."

난희가 푸념하듯이 말했다.

"니네 할머니가 엄청 예뻐한다는 애가 수지였니?"

아이들은 수지에 대해 궁금한 것이 많은 눈치였다. 하지만 수지가 입 다물고 있고, 난희가 시큰둥해하자 더 이상 묻지 않았다.

수지는 교실에 있는 것이 불편했다. 수업을 마치고 힘없이 집에 돌아와서는 마루에 앉아 대문을 바라보고는 했다. 큰엄마, 큰아빠는 과수원에 딸린 집에서 생활해서 집은 적적했다.

"수지야, 그러다 병난다. 할미랑 밥 먹자."
할머니는 무릎을 짚고 끙 신음 소리를 내며 일어났다.
"쳇, 수지만 보이나 봐."
피아노 가방을 챙겨 나오던 난희가 샐쭉하게 말하며 대문을 나섰다.
"입이 짧아 잘 먹지도 않던 애가 왜 저런다냐?"
할머니가 수지 눈치를 살폈다.
"할머니, 할아버지가 정말 돌아가신다는 걸 알았을까요?"
수지는 할머니 손에 있는 황금돼지노리개를 보며 물었다.
"그러지 않았으면 당대 여행을 모르던 양반이 가자고 했겠냐? 갈 때 되니 영감이 노망난 게야."
할머니는 하늘나라로 간 할아버지가 그리운지 잠시 허공을 보고 있었다.
"할머니, 겁나요."
"뭐가 겁나? 할미도 있는데."
"아빠처럼 엄마도 날 떠나면 어떡해요?"
수지 목소리가 가늘게 떨렸다. 선물로 주고 간 머리띠가 자꾸 신경 쓰였다. 할머니가 들으면 말도 안 된다고 하겠지만 엄마와 떨어져 있으니 자꾸 이별 선물이란 생각이 들었다.
"약한 생각하지 마라. 부부 연은 다하지 못할 수 있지만 자식 연은 끊을 수 없는겨. 너는 변함없이 네 어미, 애비의 자식이여."
할머니는 서로 마음이 안 맞아 별거하고 있는 수지네 사정에 울화가 치미는지 얼굴이 굳어졌다.
"……."
"아범도 마음 정리되면 널 보러 올게다. 으이구, 부모는 거져되는 줄 아남."
할머니 목소리가 낮게 가라앉았다. 울음을 참고 있는 것 같았다.
수지는 소식을 끊고 있는 아빠가 보고 싶어도 엄마 앞에 드러낼 수 없었다. 엄마가 아직 화를 풀지 않았기 때문이다. 할머니는 한숨을 쉬며 부엌으로 갔다. 그리고 국에 밥을 말아 가지고 왔다.
"어여, 먹자. 먹어야 힘이 나는겨."
할머니가 한 술 떠서 수지 입에 넣어 주었다.
"할머니, 피아노 소곡집, 소곡집 빨리 갖다 줘요."
그때 난희가 대문을 뛰어들며 소리쳤다.
"소, 뭐라고? 숨 넘어 가겠다. 준비성 없이 덤벙대기는……."
할머니가 그릇을 내려놓았다. 그 사이에 방으로 달려가 소곡집을 들고 나오며 난희가 씩씩거렸다.
"할머니는 정말 못 말려. 아예 수지랑 둘이 사세요."
"쯧쯧쯧, 할미보다 더 빨리 가져나오면 됐지, 뭔 투정이 저리도 심할까?"
할머니가 혀를 찼다. 난희는 수지를 쏘아보고는 휭하니 나갔다. 수지는 가슴이 따끔거렸다.
"혼자라 오냐오냐 키우더니 심술이 넘치네 그려."
할머니가 주눅이 잔뜩 들어있는 수지를 측은하게 바라보았다.
여전히 할머니는 시간나면 황금돼지노리개를 만졌다. 마치 염주알 돌리듯이 황금돼지를 엄지손가락으로 어루만졌다.
"할머니, 할아버지 보고 싶어요. 할머니도 보고 싶죠?"
수지는 혼자 가면 어떡하냐고 슬피 울던 할머니 모습이 떠올랐다. 할아버지가 돌아가시고 얼마 안 있어 수지가 입학했으니 벌써 2년이 되어가고 있었다.
"여기 있잖어. 여기."
할머니가 빙그레 웃으며 손바닥에 있는 황금돼지노리개를 내밀었다.
"할머니도 참……."
"왜 생각 안 나겠냐? 생각이야 나지. 휴우, 황금돼지가 누런빛을 내면 만사가 다 잘 된다던데……. 영감, 어서 눈부시게 빛나 보시구랴.

할머니가 황금돼지노리개에게 말했다. 마치 할아버지 대하듯 말하는 게 재미있어 수지는 쿡 웃음이 나왔다.
"할머니, 말도 안 돼요."
수지는 말은 그렇게 하면서도 가슴은 짠했다. 정말 황금돼지 몸에서 빛이 나서 모든 일이 잘 되면 좋겠다는 희망이 스며들고 있었다.
수지는 엄마가 교육을 잘 받고 있다는 연락을 받고부터는 이별에 대한 불안이 많이 가라앉았다.
"짠, 나 어때?"
책가방을 챙기는데, 엄마가 사 준 머리띠를 난희가 하고 있었다.
"그건……."
"임자가 아니면 건드는 게 아녀. 갖다 놔."
수지가 뭐라 말하기도 전에 할머니가 호통을 쳤다. 난희는 얼굴이 빨개져서는 머리띠를 벗어 수지에게 던졌다.
"치사해, 안 쓰면 되잖아!"
난희는 수지에게 짜증을 내며 가방을 메고는 휑하니 나갔다. 수지는 바닥에 뒹구는 머리띠를 물끄러미 바라보았다. 난희가 한 번 써보겠다고 하면 그러라고 했을 텐데, 난희는 자기 편한 대로 하려고 했다.
할머니는 이따금씩 다니러 오는 수지를 무척 살뜰하게 대했다. 큰엄마 큰아빠가 바빠 할머니 손에서 자란 정이 각별해서인지 난희는 그러는 할머니를 못마땅해 했다. 게다가 수지가 오는 것도 달가워하지 않았다.
수지는 청소당번을 하고 난희보다 늦게 집에 왔다. 대문을 들어서는데 난희가 마당 한 귀퉁이에 쪼그리고 앉아 뭔가를 묻고 있었다.
"야, 도둑고양이처럼 오면 어떡해!"
난희가 화들짝 놀라 소리쳤다.
"놀라게 해서 미, 미안해."
수지는 작은 소리로 우물거렸다. 방에 들어와 가방을 내려놓고 잠시 쉬고 있었다. 그때 할머니 목소리가 들렸다.
"얘들아, 이리 와 봐라. 혹시 할미 노리개 못 봤냐?"
할머니가 미니장 위며 여기저기 들춰보고 있었다.
"할머니, 난 못 봤어요. 정말 몰라요."
난희가 고개를 저어댔다. 할머니는 아무 말 없이 잠시 있었다.
"쟤한테 물어봐요. 할머니 노리개 탐냈을지도 모르잖아요."
갑자기 난희가 턱으로 수지를 가리켰다. 수지는 머리를 된통 얻어맞은 느낌이었다.
"수지야, 혹시 네가 건들었니?"
할머니는 난희 말을 믿기라도 하는 듯이 물었다.
"할머니, 전 아, 아녜요. 아니에요."
"건들었다면 어서 제자리에 갖다 놔라. 없으면 허전해서 안 된다."
"할머니, 전 안 건들었어요. 정말이에요."
수지는 할머니 말이 서운해 눈물을 뚝뚝 흘렸다. 그 모습을 본 난희가 슬금슬금 꽁무니를 빼듯이 방으로 갔다. 수지는 할머니가 미웠다. 원망스러웠다. 할머니 행동을 이해할 수 없었다.
다음날, 흙 묻은 노리개가 할머니 머리맡 미니장 위에 놓여 있었다. 마당 한 귀퉁이 흙도 파헤쳐져 있었다. 수지는 절로 한숨이 나왔다.
"할머니가 너만 신경 쓰고, 너만 예뻐하잖아!"
물어보지도 않았는데 다짜고짜로 난희가 쏘아댔다. 그리고 수지 눈치를 살폈다. 그 일이 있고부터 싸늘하게 대하던 난희 태도가 많이 누그러졌다.
할머니는 관절염이 더 심해져 무척 고통스러워했다. 손가락 마디마디도 통증이 오는지 집안일하는 걸 힘겨워했다.
과수원에서 집으로 내려온 큰엄마, 큰아빠는 한 걱정을 했다. 수지는 할머니가 통증 때문에 신음을 해도 서운한 앙금이 남아있어 살가운 말 한 마디 건네지 못했다.

큰엄마가 엄마에게 연락했는지, 수지를 데리러 온다고 했다.

"할미 좀 잠깐 보자."

할머니는 엄마가 온다는 소식에 기분이 좋은 것 같았다. 수지는 할머니 방으로 갔다.

"수지야, 할미 많이 야속했지? 네 마음 다 안다."

"……."

"할미 노리개 말야. 네가 건들지 않은 거 알고 있었다. 하지만 난희가 시샘해대니 그때 널 두둔한다면 더 힘들게 할 것 같아 할미가 알면서도 그랬다. 네가 이해해라. 할미 용서해 줄 거지?"

수지는 가슴이 먹먹했다. 할머니 마음은 헤아려지는데 서운했던 마음은 쉽게 풀어지지 않았다. 수지는 아무 말도 못하고 할머니 방을 나왔다.

"수지야, 난 네 할미여. 그걸 잊지 마라."

할머니 목소리가 따라왔다.

엄마가 도착해서 할머니와 이야기 나누는 동안 수지는 옷가방을 챙겼다. 엄마가 할머니 방에서 나왔다. 할머니가 따라 나오며 엄마 옷자락을 잡았다.

"아가야, 늬들 방황하는 거 못 봐주겠다. 서로 한 발씩만 양보해라. 그럼 서로 부딪치는 일도 이겨낼 거야. 저 어린 걸 봐서라도 네가 마음 넓게 먹어라."

"네, 어머니. 떨어져 살아보니 제 고집이 문제더라고요. 집에 가서 좋은 소식 전해 드릴 테니 제발 아프지 말고 천수를 누리셔요. 아셨죠?"

엄마는 할머니를 껴안고 한참 울었다. 그동안 가슴에 쌓인 서러움이 많은 것 같았다.

"에미야, 고속버스 시간 맞추려면 어여 서둘러야겠다."

엄마는 마음을 진정시키느라 숨을 길게 들이쉬며 부은 눈을 꾹꾹 눌렀다. 난희는 피아노 학원에 가고 없었다. 수지는 가방 속의 머리띠를 꺼내 난희 책상에 놓았다. 그리고 엄마를 따라 나섰다.
"농사일이란 게 한시도 손놓을 수 없는 것이니 인사는 도착해서 해라."
할머니는 마당에서 머뭇거리는 엄마 등을 밀었다. 그리고 수지가 돌아볼 때마다 손을 흔들었다.
'할머니, 할머니…….'
수지는 할머니가 까만 점처럼 보이자, 울컥 눈물이 솟아 옷가방에 얼굴을 묻었다. 그런데 앞주머니에 뭔가 잡혔다. 꺼내보니 할머니가 아끼던 황금돼지노리개였다.
"할머니……."
볼을 타고 눈물이 주르륵 흘렀다. 수지는 황금돼지노리개를 들고 돌아서서 달렸다.
'할머니, 이건 할머니가 가장 아끼는 거잖아요. 할머니 마음만 받을게요. 할머니, 저도 언제나 할머니 손녀예요. 잊지 않을게요. 할머니, 사랑해요. 사랑해요. 사랑해요…….'
수지의 말이 바람을 타고 마구 흩날렸다. 손에 꼭 쥐고 있던 황금돼지가 점점 뜨거워졌다. 어느 결에 황금돼지 몸에서 눈부시게 빛이 나고 있었다.

제47회(2018) 한금산

게으름뱅이

한금산

비가 왔다.

비가 개었다.
그제야
우산 쓰고 나온
버섯

참
게으름뱅이 느림보다.

한금산
강원도 인제 출생
춘천사범학교, 한국방송통신대학, 충남대학교 교육대학원
강원일보를 통해 문학 활동 시작(1963)
동시집 : 「다람쥐 운동장」, 「하늘도 잠을 자야지」, 「별씨 뿌리기」, 「그냥 두렴」, 「알 수 가 없다」, 「저 주실래요?」
시집 : 「낙엽 속의 호수」, 「내린천 서정」, 「여울물 소리」, 「어머니의 달갈」, 「겨울 바다를 팔아요」, 「소리질러보고싶은 날」, 「아직 잠 못 들었나요?」
한정동아동문학상, 대전광역시문화상(문학), 한국문학시대문학상 대상 등

제47회(2018) 한금산

섬 때문에

한금산

항구 밖에 작은 섬
작은 섬 앞에 큰 섬
큰 섬 앞에 또 섬

큰 섬이
작은 섬이
또 그 앞의 섬이
거센 물결 막아줘서
항구의 작은 배는
찰싹찰싹 물장난만 해도
늘 편안하기만 하다

엄마 아빠
할아버지 할머니
삼촌 고모……
내가 아무 걱정 없듯이

제48회 (2020) 김귀자

옆에만 있어줘
-숫자 0

김귀자

- 우리도 조금씩 모아
  돕기 운동을 하자.
숫자들이 모여서
의논을 하였습니다.

- 그래! 그래!
  1, 2, 3, 4……
모두들 가진 걸
조금씩 내놓았습니다.

끝자리에 앉아있던
0이 말했습니다.
- 미안해.
  난 아무것도 가진 게 없어!

그러자 친구들이 말했습니다.
- 넌 옆에만 있어줘.
  그럼 10, 20, 30……
  얼마나 우리 힘이 커지는데…….

김귀자 (시인, 아동문학가)
강원도 원주 출생
2000년 〈믿음의문학〉동시, 2001년 〈아동문학연구〉동화, 2002년 〈문예사조〉시, 신인상
〈천강문학상〉〈세종문학상〉〈불교청소년도서저작상〉〈아름다운글문학상〉〈한정동아동문학상〉등 수상
동시집 〈옆에만 있어줘〉, 〈반달귀로 듣고〉, 동화집 〈종이피아노〉, 〈마음을 찍는 사진기〉
시집 〈백지위의 변주〉,〈백지가 되려하오〉,〈유년의 뜰 고향집은 온통 꽃밭이었다〉외
(시낭송가, 동화구연가, 동화구연1급지도사)

톡, 톡, 톡이 왔어요

김귀자

봄비가 나무들에게
문자를 보냅니다.

- 올봄에도 연둣빛이 유행이래.
  톡 톡 톡 까톡 까톡!

나뭇가지들이 문자를 보고
연둣빛을 뽑아 올립니다.

- 알았어!
  톡 톡톡 톡 까톡 까톡까톡!

제49회 (2021) 배정순

어둠은 겁쟁이다

배정순

어둠은 작은 불빛에도
화들짝 놀라 도망친다.

산 밑 외딴길 점령했던 어둠도
자동차가 불 켜고 달려오면
줄행랑부터 친다
길옆으로 납작 엎드린다.

고라니가 길고양이가
밤에 도로에서 죽는 건
자동차가 달려올 때
겁쟁이 어둠이 먼저
도망쳐 버려서다.

배정순
1963년 강원 강릉 출생.
2000년 아동문예 문학상으로 등단.
동시집 『강아지가 돌림 명함』, 『호시심 스위치』 외 2권
강원아동문학상, 새벗문학상, 한정동아동문학상 등

제49회(2021) 배정순

욕심쟁이 따돌리기

배정순

개살구, 개복숭아, 개머루
이름 앞에 '개'자를 붙이고는
잎사귀 사이에 숨어
살금살금 익어간다.

맛없다고 사람들이
안 따가도록
몸집은 작게 작게
개수는 많게 많게

배고픈 다람쥐 많이 따가라고
배고픈 산새들 실컷 먹으라고.

제49회(2021) 유채은

버들잎 물고기

유채은

유리구슬처럼 맑은 냇물이
철철 차알 찰
힘차게 노래하며 흐르고 있다

개울 위쪽에도
그 아래 물고인 바닥을 내려보아도
물고기 한 마리 보이지 않는다

'추워서 냇돌 밑으로 들어갔을까?'
물길 따라 눈길이 머문 듯
둥둥 여기저기 떠 있는 희부연 것들

'물고기가 떼죽음을 당했나 봐'
조마조마 가슴 졸이며 다가가 보니
반짝반짝 햇살을 받고 누운 버들잎들

냇물 따라 들길 따라 내려와 보니
파르르 사르르
유유히 헤엄치는 버들잎 물고기들

유채은
1960년생, 경남 창원 출생
2014『연인』수필 등단, 2014『아동문학세상』동화 등단, 2013『아침의 문학』시 등단.
동시집『버들잎 물고기』
아름다운 글 문학상 수상(2019), 대전문화재단 예술지원금 수혜(2020)
현재 한국문인협회, 한국아동청소년문학협회, 풀꽃문학회 회원
초록아동문학회 회장

제49회(2021) 유채은

파도에게

유채은

얼마큼 힘이 세어야
철썩철썩 푸른 힘줄로 밀어붙일 수 있니?

얼만큼 한마음이어야
으쌰으쌰 어깨동무하고 달려올 수 있니?

얼마나 부드러워야
뽀글뽀글 하얀 물거품 풀어낼 수 있니?

얼마나 착해야
반짝반짝 바닷가 모래알 씻어줄 수 있니?

도시로 떠난 덕이

최주섭

　서울의 북쪽 북한산 자락에서 발원하여 흐르는 정릉계곡에 청둥오리 부부와 다섯 마리의 새끼가 살고 있었다.
　계곡 둘레 길을 따라 걷는 사람들이 잠깐 멈추어 청둥오리들이 물속에서 노니는 것을 즐겼다.
　"청둥오리 가족이군."
　새끼들은 물장구치면서 놀다가 배가 고프면 다이빙을 하면서 물속에 노니는 물고기과 벌레들을 잡아먹었다. 새끼들은 어미들 곁을 떠나지 않았다. 어미는 수백 미터를 날아 계곡을 살피면서 새끼들을 돌보았다.
　호기심이 많은 수놈은 계곡 둘레 길을 지나가는 사람들에게 가까이 가보았다. 수놈은 사람들이 어디에서 어떻게 사는 지가 궁금했다.
　"얘들아! 사람들을 따라가 볼까?"
　새끼 중 제일 큰 놈이 눈을 크게 뜨며 답했다.
　"우린 평생 계곡을 떠나 본 적이 없어."
　둘째 놈도 큰 놈을 거들었다.
　"청둥오리 신세에 물가를 떠나 어딜 간다는 거야?"
　수놈은 날개를 열어 화려한 깃을 보이며 답했다.
　"왜? 우리는 물속에서 수영할 수 있고, 뭍에서는 걸을 수도 있어.

최주섭
1949년생, 충남 예산
아동문학세상(2015년 제84회 신인문학상 당선)
초능력소년(2019), 대왕고래의 분노(2019)
아름다운글문학상(2018), 한정동아동문학상 우수상(2021)

더구나 공중에서 날을 수도 있어. 후 후."
막내 오리가 걱정했다.
"그래도 사람들이 해치지 않을까?"
"그것은 걱정 없어. 계곡 둘레길 위에 산비둘기가 가끔 놀러 와서 앉아있었어. 노인들이 산비둘기를 잡기는커녕 옥수수 먹이를 주던데."
제일 큰 놈이 말했다.
"그래도. 엄마와 아빠는 멀리 가는 것을 허락하지 않을 거야."
수놈은 자기의 주장을 고집했다.
"이제 우리도 어른이야. 내가 먼저 넓은 세상에 나가 볼 테니, 외출하는 것은 비밀로 해줘."
막내가 가장 무서워했다.
"오빠! 멀리 가지 말고 늦지 않게 돌아와야 돼."
수놈은 어미가 멀리 있는 사이에 사람들이 사는 세상을 둘러보기로 했다. 새끼 오리들은 엄마 오리의 꾸중을 들을까봐 눈치만 보고 있었다.
어미는 수놈이 없는 것을 알아챘다.
"넷째는 왜 안보이니?"
첫째가 딴청을 부렸다.
"글쎄요. 어딜 갔지?"
"막내야! 넷째가 어디 갔니?"
막내는 언니들을 바라보며, 응원을 청했다.
"……."
결국 막내가 넷째가 넓은 세상을 구경한다고 떠났다고 실토했다.
어미의 안색이 변했다.
"정릉계곡보다 공기 좋고, 깨끗한 계곡 물이 흐르는 곳이 어디 있니?"
어미는 수놈이 걱정되었다. 폭우가 내려 계곡이 넘칠 때 떠내려 간

놈도 있었다. 때로는 계곡에 혼자 다니다가 뱀에 물리거나, 들 고양이에게 잡혀서 먹힌 놈도 있었기 때문이다.

"너희들은 이곳을 떠나지 말고 있어. 내가 계곡 위부터 아래까지 찾아보고 올게."

엄마 오리는 훨훨 날아서 계곡 위아래로 갔으나 수놈은 보이지 않았다.

"수놈이 보이지 않는구나. 어딘가에 살아있기를 바라는 수밖에 없다. 이제 너희들도 각자 앞가림을 할 수 있는 나이가 되었다. 사람들과 물속의 뱀과 풀숲 속의 들 고양이들을 항상 조심해라."

둘레 길로 날아 올라간 수놈은 사람들을 따라 뒤뚱뒤뚱 걸었다. 다행이도 지나가는 사람들은 웃으며 수놈을 비켜 지나갔다. 연결된 좁은 길을 지나, 다리를 건너 버스와 택시가 다니는 넓은 도로의 사람들이 다니는 길을 따라 갔다.

사람들이 수놈 오리를 보고 쑤군쑤군 댔다.

"웬 청둥오리가 큰 길로 나왔어?"

"계곡에 살던 놈이 도망 나왔나?"

중학생 한 명이 지나가면서 한마디 했다.

"청둥오리가 가출했어."

같이 가는 중학생들이 웃음을 터트렸다.

도로 가에 채소를 가득 실은 트럭이 서있었다. 트럭 위에는 양파, 얼갈이 무, 시금치, 산나물 등으로 가득했다. 입심 좋은 채소 트럭 아저씨가 외쳤다.

"웰빙 시대에는 채소가 최고!"

동네 아주머니들이 트럭 주위로 모여들었다. 채소 트럭 아저씨의 손놀림이 바빠졌다. 잠깐 사이에 상당량의 채소가 팔렸다. 수놈은 길에 떨어진 채소 부스러기로 요기를 채웠다.

"맛이 좋은데."

채소 트럭 아저씨가 운전석에 올라 시동을 걸을 때 수놈은 트럭 위로 올라탔다. 아저씨는 트럭 위에 얌전히 서있는 청둥오리를 보고 어리둥절했다. 수놈을 그대로 두고 채소를 팔기 시작했다. 동네 아주머니들이 청둥오리를 보고 궁금해 했다.
"채소도 팔고 청둥오리도 파세요?"
채소 주인이 능청을 떨었다.
"수놈은 채소를 지키는 파수꾼입니다. 가끔 채소를 훔치는 사람도 있으니까요."
"호호, 도둑을 잡는 청둥오리군요?"
수놈은 어깨가 으쓱해졌다. 고개를 좌우로 돌아보며 채소를 지키는 시늉도 했다. 손님이 몰래 채소를 비닐봉지에 넣자 수놈이 소리쳤다.
"궤-엑"
아저씨는 채소를 다 팔 때까지 수놈을 차에 태우고 다녔다. 수놈은 아저씨의 품에 안겨 아저씨가 사는 집으로 갔다. 남편을 기다리고 있던 부인이 수놈을 품에 안고 오는 남편을 보고 웃으며 말했다.
"웬 청둥오리예요?"
"응, 정릉계곡 근처 시장에서 채소를 파는데, 이놈이 트럭에 올라타 있었어."
"아니 그러면 계곡으로 보내주어야지요?"
"아냐. 이놈은 집을 뛰쳐나왔을 거야."
"청둥오리가 물에서 나오면 어디로 가겠어요?"
"채소 트럭 위에 저놈이 떡 버티고 있으니, 채소 사러오는 사람들이 재밌어 하던데."
"먹이는 주었어요?"
"청둥오리는 잡식성이라 채소부스러기도 잘 먹더라 구."
"집에서 키울 거예요?"
"아니 내일부터 나와 함께 채소 팔러 다닐 거야."
"이름도 지어주세요."
"무어라 지어줄까? 청둥이가 어때?"
"강아지 이름 같은데요."

그때 오리가 "꿰-엑"하고 소리 질렀다.
아저씨는 수놈이 지른 소리를 "데엑"으로 알아들었다.
"영어로 오리가 덕(duck)이니까. '덕'이라고 부를까?"
"'덕이'라는 이름이 더 부드러워요."
다음 날 아침 채소 트럭이 청량리 야채시장에 도착했다. 아저씨는 여러 가지 야채를 구입하여 트럭에 실기 시작했다. 덕이는 한쪽 채소 더미 위에 앉아있었다. 지나가는 리어카꾼들이 덩치가 커진 덕이를 보고 한마디씩 농담을 했다.
"주인이 청둥오리 탕에 넣을 채소를 사러왔나?"
"청둥오리가 집오리보다 맛이 더 좋다는데."
"오리 탕에 넣는 채소는 부추와 대파가 좋지."
덕이는 얼굴이 새파랗게 질렸다. 아저씨는 웃기만 할뿐 자기 할 일만 했다. 덕이는 이제 아저씨와 헤어질 시간인 것을 알았다.
덕이는 아저씨가 트럭 문을 열고 운전석에 올라가자, 채소 더미에서 펄쩍 뛰어 내렸다. 덕이는 여러 날 동안 자기를 돌봐주던 아저씨에게 고개를 꾸벅했다.
"아저씨! 감사했어요."
깨끗한 옷차림의 사람들이 지하 계단으로 내려가기 시작했다. 덕이도 그들을 따라 내려갔다. 덕이는 조심스럽게 지하철을 탔다. 사람들이 청둥오리를 보자 놀라기보다는 웃음을 터트렸다.
스마트폰으로 청둥오리 사진을 찍는 사람들 앞에서 날개를 쭉 펴 보였다.
"찰칵, 찰칵."
지하철이 종로오가역에 도착했다. 이곳은 타고 내리는 사람들이 많았다. 이때 어느 젊은이가 덕이를 에워싸며 소리쳤다.
"발밑에 청둥오리가 있으니 밀지 마세요."
"웬 청둥오리?,"
승객들이 의견을 내기 시작했다.
"지하철에 타는 손님들이 점점 늘어나고 있어요. 다음 역에서 청둥오리를 내려주어야 해요."

"청둥오리를 어디로 보내죠?"

"지하철 보안관에게 우선 알립시다."

"언론사에도 지하철에 탄 청둥오리를 알리면 좋겠어요."

종각역에서 보안관이 동물보호 바구니를 들고 지하철을 탔다. 보안관은 조심스럽게 청둥오리를 바구니에 넣었다. 누군가가 방송사에 청둥오리를 사진 찍어 보냈다.

"아저씨! 청둥오리를 꼭 살려주세요."

"지하철 보안대가 청둥오리를 안전한 곳으로 보내겠습니다. 염려 마세요."

저녁 6시 뉴스에 '지하철을 탄 수놈 청둥오리'가 방영되었다. 덕이는 서울 지하철의 스타가 되었다.

채소트럭 아저씨도 뉴스를 보고 방송사에 전화를 걸었다.

"그 청둥오리는 정릉계곡에서 살다가 도시로 나왔어요. 한동안 나와도 함께 살았어요. 이름은 '덕이'예요."

뉴스를 본 시청자들의 의견이 분분했다.

"청둥오리를 정릉계곡으로 보내야 하나?"

"한적한 계곡이 싫어 도시로 뛰쳐나왔으니, 도심 한가운데로 흐르는 청계천으로 보냅시다."

지하철 보안대 시청역 사무실에서는 덕이를 어디로 보내야 하는지 회의를 열었다. SNS로 시민들이 다수 의견을 준 청계천 물가로 덕이를 보내기로 결론이 났다.

청계천 관리사무소는 먼저 청둥오리를 인근 동물병원으로 데리고 갔다. 약간의 스트레스가 있어서 병상에서 며칠간의 휴식을 취했다.

토요일 오후 덕이는 청계천에 풍덩 몸을 담갔다. 청계천은 청춘 남녀들과 외국인 관광객들로 붐볐다. 물가 계단에 걸터앉은 중학생 친구들이 와아하며 청둥오리에게 몰려들었다. 덕이는 고향에 온 기분이었다.

피라미와 버들치, 참붕어 등 여러 종의 물고기가 물속을 빠른 속도로 지나가며 반겨주었다. 부전나비와 된장잠자리는 춤을 추며 덕이를 따라갔다. 풀숲에는 개구리가 자기 몸을 감추며 덕이의 눈치를 보았다. 버드나무 가지에 앉은 박새도 예쁜 소리를 내며 덕이를 환영했다.

청계천 배오개다리 밑에는 청둥오리들이 떼 지어 살고 있었다. 처음 만났지만 덕이를 형제처럼 '궤-액' 하며 환영 나팔을 불어주었다. 또래의 암놈 청둥오리가 제일 반가와 했다.

"너, 어디서 왔니?"

"난 정릉계곡에서 살았어."

"정릉계곡? 여기까지 어떻게 왔니?"

덕이는 또래 친구들 앞에서 세상 체험을 풀어놓았다.

"걷기도 하고, 날기도 해서, 이곳에 왔지."

"그곳에서 이곳까지는 먼 거리가 아닐까?"

"채소 트럭 타고 좀도둑을 감시하는 일도 해보았어. 지하철도 타보았지."

"야. 대단하구나? 그런데 사람들이 너를 해치려고 하지 않았어?"

"아냐. 사람들은 나를 보자마자 인증 샷만 터트렸어."

"이곳은 물길이 수 킬로미터가 되니까 매일 운동하면서 건강을 지키면 돼."

"친구들아! 잘 부탁한다."

덕이는 청계천에서의 생활이 너무 좋았다. 어느 날엔 산보하는 사람들이 많이 모이는 상류 쪽으로 친구들과 함께 올라가기도 하고, 다음 날엔 청계천 하류로 내려가기도 했다.

어느 날 덕이는 청계천이 얼마나 긴 지 궁금했다. 친구들에게 물었다.

"청계천 하류로 끝까지 내려가면 어딜까?"

"몰라. 우리는 친구들이 많이 모여 사는 이곳이 좋아."

덕이는 날개를 활짝 펴고 혼자서 물길을 따라 내려갔다.

제49회 (2021) 정영웅

우리들의 달님

정영웅

보름밤입니다. 달님은 다른 날보다 더 넉넉한 달빛을 안고 달실을 찾습니다. 그 동안 아껴둔 달빛을 아낌없이 쏟아놓을 작정입니다.

달님은 먼저 마을을 둘러싼 산위에 달빛을 붓습니다. 어둠 속에 묻혔던 나무와 풀들이 부스스 일어납니다. 제각기 제 이름을 찾고, 제 몸매를 찾습니다. 산자락에 끼인 냇물과 들판에도 쏟아놓습니다. 물굽이가 일고 논과 밭과 숲과 길이 경계를 찾아서 제자리를 지킵니다.

남은 달빛은 산기슭에 기대어 앞 냇물을 바라보는 마을에 담뿍 붓습니다. 마당이 달빛으로 넘칩니다. 바람에 밀리는 물결처럼 달빛은 하얀 방문 창호지 위에서 찰랑거립니다. 훈아야, 훈아야…….

훈아는 지금 책상 앞에 앉아 있습니다. 숙제가 많아서가 아닙니다. 등 뒤에서 아버지가 대견한 듯 보고 있기 때문입니다. 조바심할 것까지는 없습니다. 아버지는 담배 한 대쯤 피우고 나서 긴 하품을 하고 목침을 베고 누울 것입니다. 그리고,

"숙제 다 했으면 불 꺼라."

하고는, 곧장 '드르릉 드르릉' 코를 골 것입니다.

드디어 훈아가 방문을 가만히 엽니다. 기다리던 달빛이 와락 훈아 팔을 잡습니다.

달빛에 끌려 대문을 나선 훈아가 두 손을 모아 입에 댑니다.

정영웅
경북 봉화 출생('43년)
월간문학 신인작품상 동화부문 수상('87)
저서: 동화집 『외삼촌과 도깨비』, 『구두병원 의사선생님』, 『우리 기쁜 날』, 『우리들의 달님』, 『하늘이가 들려주는 학마을 이야기』
영남아동문학상 동화부문('91), 한국아동문학작가상 동화부문('97), 한정동아동문학상 동화부문('21) 수상

"뻐꾹, 뻐꾹."

동구 밖 정자나무 아래에서 응답이 옵니다.

"뻑뻐꾹, 뻑뻐꾹."

"뻑뻐꾹, 뻑뻐꾹."

"뻑뻐꾹, 뻑뻐꾹."

소리만 들어도 훈아는 그들이 누군지 압니다. 종식이, 점용이, 동구입니다.

훈아가 정자나무 아래로 달려갑니다. 달빛도 뒤질까봐 훈아 옷자락에 매달려 달려갑니다.

달빛이 정자나무 잎새 위에 앉아 가쁜 숨을 몰아쉽니다. 아이들은 술래를 뽑고 숨바꼭질을 합니다.

"무궁화 꽃이 피었습니다. 무궁화 꽃이 피었습니다."

정자나무 잎새 위에서 내려온 달빛이 종식이를 마을회관 쪽으로 데리고 갑니다. 벽에 몸을 붙여 주고 담벼락으로 그늘을 지워 줍니다. 담이 큰 동구는 냇가 자갈밭이 제격입니다. 자갈밭에 납작 엎드리게 하고는 보얗게 옷자락을 펼쳐서 자갈 색깔이나 동구 옷 색깔이나 같게 합니다. 언제나 몸놀림이 재빠른 점용이는 새마을 다리 밑에 밀어 넣습니다. 다리 위에서 눈치 못 채게 술래의 움직임을 알려줄 참입니다.

백을 센 훈아가 아이들을 찾으러 갑니다.

'나는 어디 숨었는지 알지롱.'

달빛이 넌지시 아이들이 숨을 만한 곳을 눈짓합니다. 훈아가 기웃거립니다.

'거기는 아닌데, 거기에는 없는데.'

막상 훈아가 찾으려고 하면 달빛은 으슥한 그늘을 지워서 시치미를 뗍니다.

아이들의 웃음소리가 정자나무 잎새를 흔듭니다. 잎새 위에 앉아 있던 달빛도 무릎을 칩니다.

몇 번 술래가 바뀌고 나자, 아이들에겐 숨바꼭질이 심상해집니다.
"덥다 그지?"
동구가 이마를 훔칩니다.
"멱 감자."
아이들이 냇가로 달려가서 훌훌 옷을 벗습니다. 첨벙첨벙 물속으로 뛰어듭니다. 둥글고 매끄러운 자갈 위를 미끄러지며 쫓아온 달빛도 아이들과 같이 물속으로 뛰어듭니다.
물이 차갑습니다. 아직은 멱 감을 때가 아닌가 봅니다.
"엇, 춰!"
"엇, 춰!"
아이들은 몇 번 물을 끼얹다가는 물 밖으로 뛰어나옵니다. 물속에 섞여 있다가 미처 못 빠져 나온 달빛이 아이들의 알몸뚱이에 묻어 번들거립니다.
서둘러 옷을 입은 아이들이 냇가 자갈밭에 모여 앉습니다. 달님도 아이들의 머리 위로 바싹 다가듭니다. 자칫 말귀를 놓치면 당장 내일부터라도 외톨이가 되는지 모릅니다.
"얘, 우리 밤고기 안 잡을래?"
대장 격인 동구가 말합니다.
"밤고기?"
아이들의 귀가 솔깃합니다.
"그거 좋지."
"지금?"
"오늘은 안 되고."
"피이, 나는 오늘이라고."
점용이가 조금 실망합니다.
"달빛이 이렇게 밝은데 고기가 잠을 잔다냐?"
동구는 무엇이나 잘 압니다.
"그리고 반두도 없잖아!"

종식이가 동구 편을 듭니다. 보나마나 달님은 아이들과 같이 밤고기를 못 잡을 것 같습니다.
'쳇, 저희들끼리 노라지.'
하늘 위로 둥실 떠올라 아이들이 하는 짓만 지켜봅니다.
"그럼, 언제?"
종식이가 동구 눈치를 봅니다.
"우선 달이 없어야 돼."
동구가 손가락을 꼽습니다. 화, 수, 목, 금……
"야, 닷새 뒤 토요일 밤이다."
"좋아."
날짜는 토요일, 그런데 준비해야 할 것이 많습니다. 반두 한 개, 홰로 쓰일, 솜뭉치를 철사로 얽어 역시 굵은 철사로 길게 막대 끝에 달아맨 솜 막대 한 개, 고기를 넣을 다래끼 하나, 그리고 불을 밝힐 기름 한 깡통입니다.
솜 막대는 동구가 맡습니다. 반두는 종식이네 집에 있습니다. 다래끼는 점용이가 가지고 오기로 했습니다. 문제는 기름 한 깡통입니다.
아이들의 눈이 훈아에게 쏠립니다.
"훈아, 너희 집에 경운기 있잖니?"
동구가 말합니다.
"그래 훈아가 가지고 오면 되겠구나."
종식이가 거듭니다.
기름은 언제나 훈아네 집에 있습니다. 그렇지만 아버지가 냉큼 줄 것 같지 않습니다. 다래끼를 가지고 오겠다고 먼저 말할 걸 머뭇거리다 놓쳤습니다.
"……."
"얘, 기름 딱 한 깡통이야."
동구가 대답을 재촉합니다. 그렇지만 역시 선뜻 대답이 안 나옵니다. 아버지께 말씀드렸다간 못 얻는 것은 그만 두고라도 쓸데없는 짓들을 한다고 꾸중을 들을 것이 뻔합니다.
 아이들은 금방 시무룩해집니다. 동구가 벌떡 일어나서 획 돌팔매질을 합니다.
 "쳇, 종구 형들은 지난번에 이만큼 한 메기를 여섯 마리나 잡았던데……."
 돌팔매질을 한 동구가 팔뚝을 걷어 보이고는 쩝쩝 입맛을 다십니다.
 "메기를?"
 "여섯 마리나?"
 아이들의 눈이 화경처럼 커집니다.
 "메기뿐인 줄 알아! 고기도 한 다래끼 잡아 왔더라."
 아이들의 눈이 커지다 못해 '와' 함성을 지릅니다.
 훈아도 귀가 솔깃합니다. 자주 물고기를 잡곤 하지만 피라미 두세 마리가 고작입니다. 그 수염이 길고 음전한 메기는 잡아본 적이 없습니다. 그런 메기를 여섯 마리나!
 다시 아이들의 눈길이 훈아에게 모입니다.
 "훈아, 어떻게 해 봐."
 "기름 한 깡통인데 뭘."
 사뭇 애원하듯 훈아를 쳐다봅니다.
 훈아는 용기를 냅니다. 까짓 기름 한 깡통! 고방에 있는 기름통에서 부어 오면 되는 걸. 메기 여섯 마리는 그냥 들어 넘기기엔 너무나 아쉽습니다. 아버지도 그 음전한 메기를 본다면 꾸중보다는 장하게 여길 것입니다. 훈아는 꿀꺽 침을 삼킵니다.
 "좋아, 딱 한 깡통이다."
 "와."
 "역시 훈아야!"
 금방 메기 여섯 마리와 고기가 가득 담긴 다래끼를 손에 쥔 것 같습니다.

동구가 대장답게 말합니다.
"됐어, 토요일 밤 오늘처럼 정자나무 밑에 모이자. 고기는 여기서부터 저어기 보밑까지 잡는다."
"보밑에서도 잡니?"
종식이의 눈이 동그래집니다.
"그래, 보밑에 메기가 가장 많아."
아이들의 눈길이 일제히 보밑으로 쏠립니다.
따돌림을 당한 달님이 심술을 부리는지도 모릅니다. 둘레에 우거진 버드나무 숲이 더욱 깊고 으슥합니다. 달빛에 보밑의 냇물이 흐릿하게 드러납니다.
보밑! 아이들이 가장 꺼림칙하게 여기는 곳입니다. 지금은 논으로 가는 물길을 다 열어 놓아서 얕지만 장마철이 되면 한 길이 넘습니다. 더욱 보를 넘친 물이 떨어지는 곳은 깊은 소로 되어 있어서 물굽이가 항상 빙빙 돌아 흐릅니다. 그래서 여름철이면 가끔 이곳에서 목욕을 하던 이들이 빠져 죽기도 했습니다.
작년에는 민구 형이 빠져 죽었습니다. 헤엄도 제법 치는 민구 형이 점심 잘 먹고 멱 감으러 간다더니, 무릎에도 안 차는 얕은 물에 엎디어 있었습니다.
"물귀신이 붙든 게야."
마을 사람들은 이렇게 말했고, 민구네는 보밑 옆의 방죽에서 오구굿을 했습니다. 그때, 큰 느티나무에 걸어둔, 왼 새끼가 아직도 너덜거리고 있어서 아이들은 아예 얼씬거리지 않습니다.
"물귀신이 나오면 어쩌려고?"
점용이는 언제나 말이 빠릅니다.
"바보, 불이 있는데 어떻게 귀신이 나와!"
동구가 퉁을 줍니다.
"그래, 불이 있는데 뭐가 무서워."
종식이는 이번에도 동구 말이 떨어지기가 바쁩니다.

그렇지만 점용이는 아직도 뒤가 켕깁니다.

"정말 보밑에 메기가 있을까?"

"보를 막은 큰 돌 틈에 메기가 살아. 밤만 되면 물가에 나와서 잠을 잔대. 메기뿐인 줄 아니? 어제 지나다가 보니까 손바닥만한 붕어도 이만큼이나 있더라."

동구가 두 팔을 벌립니다.

"그래, 보밑까지 잡자."

"무섭긴 뭐가 무서워."

"네 사람이나 가는데."

드디어 보밑까지 밤고기를 잡기로 했습니다.

그렇지만 아이들의 눈은 자꾸만 보밑으로 갑니다. 멀리 희미하게 보이는 보밑 소에서 금방 무엇인가 솟아오르는 듯도 합니다. 오늘은 불도 없잖은가 말입니다.

큰소리를 쳤지만 동구도 마찬가지입니다. 금방 보밑의 소가 빙글빙글 맴돌다가 쑤욱, 흰 옷에 머리칼을 길게 늘어드린 물귀신이 나올지도 모릅니다. 아니 벌써 아무도 모르게 물속을 빠져 나온 물귀신이 소리도 없이 숲 그늘을 타고 와서 금방이라도 뒷덜미를 낚아채며,

"동구가 여기 있었구나."

할는지도 모릅니다.

힐끗 뒤를 돌아다본 동구가 벌떡 일어섭니다.

"야, 집에 가자."

"그래, 그래."

아이들이 얼른 말을 받습니다.

나름대로 걷는 것이라고 하지만 걸음이 무척 빠릅니다. 아무도 뒤서고 싶지 않나 봅니다.

골목이 갈리는 어귀에 와서 아이들은 헤어집니다.

"갈 가."

"모두 안녕."

"토요일 잊지 마."

아이들은 인사말을 등 뒤로 흘리며 집을 향해 달립니다.

헐떡거리며 마당을 들어선 훈아가 처마에 올라서서 가쁜 숨을 몰아쉽니다. 벽을 타고 내려온 달빛도 훈아처럼 처마 위에 발을 올려놓고 있습니다.

"깜박 달님을 잊었네."

훈아가 고개를 듭니다. 냇가에 있을 때에 바로 머리위에 있던 달님이 처마 위에 있는 지금도 훈아 머리위에 있습니다.

"날 따라왔네. 고마워."

달님이 빙그레 웃습니다. 달님은 지금 동구, 종식이, 점용이에게서도 똑같은 말을 듣고 있는 것입니다.

아이들이 도둑고양이처럼 식구들 몰래 이불 밑을 파고들 때까지도 달님은 문 앞을 떠날 줄 모릅니다.

훈아가 별 탈 없이 기름 한 깡통을 가져 올 수 있을까, 덩치가 크고 뼈대가 굵은 동구라지만 어른들이 만지는 종식이네 반두를, 그것도 물속에서 쉽게 다룰 수 있을까, 보밑까지 정말 고기를 잡으러 갈까, 토요일 밤만 유독 메기들이 떼를 지어 물가로 나와 줄까, 궁금합니다.

그렇지만 달님은 발길을 재촉합니다.

'내가 궁금해 하거나 걱정할 일이 아니야.'

언젠가는 아이들은 저희들 키만한 반두를 빈 막대기처럼 휘두를 것이고, 물귀신쯤은 무서워도 않을 것이며, 또 팔뚝만한 메기를 두 손으로 움켜잡고 손아귀를 벗어나려는 뿌듯한 힘과, 꼬리지느러미가 팔뚝을 치는 아픔을 맛볼 수 있을 것이라는 걸, 달님은 잘 알기 때문입니다.

제49회 한정동아동문학상 특별상

팬지꽃 편지

김윤환

혼자 사시는 할머니 댁 마당 한 편에
엄마가 팬지꽃 한 줄을 심으셨어요

할머니가 무슨 꽃이냐 물으셔서
'팬지꽃이에요' 했더니
'응? 편지꽃이라고?'
'아니, 팬지꽃이라구요, 팬.지!'
할머니 웃으시며
그 꽃이 내게 쓴 편지니?

엄마는 가만히 서서
팬지꽃만 한참 바라봅니다

김윤환
1963년 경북 안동 태생, 단국대 대학원 문예창작학과 졸업(문학박사), 1989년《실천문학》시로 등단, 2017년《아동문학세상》신인작품상, 시집 『그릇에 대한 기억』『이름의 풍장』등 다수. 동시집 『내가 밟았어』, 논저 『한국현대시의 종교적상상력』외, 나혜석문학상, 제49회《한정동아동문학상》특별상 수상, 현 계간《생명과문학》편집주간. 사랑의은강교회 담임목사, 백석대 대학원 기독교문학 전공교수, 따오기아동문화진흥회 회장

제49회 한정동아동문학상 특별상

내가 밟았어

김윤환

비 오는 날
장화를 신고 나간
내 동생
한 쪽 발은 맨발
한 손에 장화를 들고
집으로 들어왔다
손에 든 장화 속에는
반쯤 잘린 지렁이 한 마리
살아서 꼼지락거렸다
동생 울면서
내가 밟았어

한정동아동문학상 역대수상자
대표작품집

끝나지 않은
따오기의 노래

2021년 8월 25일 초판 인쇄
2021년 9월 01일 초판 발행

발행인 김윤환
편집인 박상재
편집위원 이복자 함영연 김윤환

발행처 따오기아동문화진흥회
편집처 한정동아동문학상 작품집 편집위원회
출판처 열린출판사
등록번호 제2-1802
등록일자 1994년 8월 4일

주소 경기도 시흥시 하중로 203 (3층)
전화 031-318-3330

값 15,000원

이 작품집에 수록된 작품은 저자 및 출판사의 허락없이 재수록 등 사용할 수 없습니다.

ISBN 978-89-87548-16-6 03800